PUHUA BOOKS

我
们
一
起
解
决
问
题

物业管家业务操作指导手册

滕宝红◎主编

人民邮电出版社

北京

图书在版编目（CIP）数据

物业管家业务操作指导手册 / 滕宝红主编. -- 北京：
人民邮电出版社，2023.9
ISBN 978-7-115-62287-7

Ⅰ. ①物… Ⅱ. ①滕… Ⅲ. ①物业管理－手册 Ⅳ.
①F293.33-62

中国国家版本馆CIP数据核字(2023)第129849号

内 容 提 要

随着物业管理新时代的到来，物业管家成了物业公司的主要成员，其服务作用与价值越来越显著，物业管家的服务水平不仅是物业公司进行考核的一项重要指标，也是衡量业主满意度的关键。物业管家只有发挥自身价值，不断提升服务质量，才能更好地满足业主的需求。

本书作者充分考虑了物业管家的服务专业性、实践应用性等，从礼仪、沟通、巡查及社区文化建设等多个方面介绍了物业管家的工作内容，同时，对于比较棘手的物业管理费用催缴、客户投诉处理等问题给出了实用的解决方案，并配有多个实战范本，力求重现真实的物业管家服务场景。读者读完本书，即可轻松掌握物业管家的理论知识和实操技巧。

本书适合物业公司的负责人、培训工作人员和物业管家阅读。

◆ 主　编　滕宝红

责任编辑　刘　盈

责任印制　彭志环

◆ 人民邮电出版社出版发行　北京市丰台区成寿寺路 11 号

邮编 100164　电子邮件 315@ptpress.com.cn

网址 https://www.ptpress.com.cn

固安县铭成印刷有限公司印刷

◆ 开本：720×960　1/16

印张：16　　　　　　　　　　2023 年 9 月第 1 版

字数：296 千字　　　　　　　2023 年 9 月河北第 1 次印刷

定　价：79.80 元

读者服务热线：（010）81055656　印装质量热线：（010）81055316
反盗版热线：（010）81055315

广告经营许可证：京东市监广登字 20170147 号

前　言

　　随着业主对生活环境、生活质量的要求越来越高，他们需要的不再仅仅是遮风挡雨的栖身之所，而是一个秩序井然、环境优美、邻里和睦的生活环境。丰富业主服务体验、提升物业服务水平，已成为物业服务企业增强自身综合竞争力的重要手段。

　　物业管理项目经理是物业项目的主要负责人，其执业能力和综合素质直接关系到物业项目的管理水平。要想提升物业项目的管理水平，就要培养一支法律意识强、懂业务、善管理的物业项目负责人队伍，推动和构建完善的物业管家体系。物业管家是物业管理体系有效落地的关键和保障，是提升业主满意度、实现物业服务企业健康可持续发展的基础。同时，物业服务企业为提升物业服务质量，必须推动物业服务的标准化、智能化、市场化建设，从而实现物业管理服务水平的跨越式提升。

　　基于此，我们组织了相关院校物业专业的老师和房地产物业咨询机构的培训讲师，参照《中华人民共和国民法典》《物业管理条例》及物业管理实践与理论研究的新趋势和新经验，编写了《物业项目经理工作指导手册》《物业管家业务操作指导手册》和《物业目视化管理与 5S 推行手册》，供读者参考使用。

　　其中，《物业管家业务操作指导手册》一书由物业管家概述、物业管家礼仪、物业服务沟通、管家一站式服务、日常巡查监督、社区文化建设、物业管理费催缴、客户关系管理、客户投诉处理和公告、通知类文书写作 10 个部分组成，可为物业管理者提供实操性极强的专业指导。

　　由于编者水平有限，加之时间仓促、参考资料有限，书中难免出现疏漏，敬请读者批评指正。

目　录

随着物业管理的市场化程度越来越高，客户服务需求已从原来的被动服务变为主动服务，从公共基础服务向个性化、人性化服务需求延伸。物业管家作为直接为客户提供服务的载体，有三重角色定位：对外是企业品牌形象代言人，对内是项目经理的得力助手，对客是业主的贴心人。

礼仪是一门综合性较强的行为科学，是指在人际交往中，自始至终以约定俗成的程序、方式来表现的律己、敬人的完整行为。在物业服务过程中，物业管家应以符合规范的形象和行为，表达对业主的尊重——包括仪容仪表、行为举止、表情、沟通语言、社交准则等。

第三章　物业服务沟通 47

物业管家运用行之有效的沟通技巧，能够把服务落到实处，减少物业管理实践中的冲突和纠纷，提高业主的满意度，促进整个行业健康有序发展。

第四章 管家一站式服务 71

管家一站式服务即客户的所有问题，如入住、装修、问询、报修、投诉、缴费及其他服务需求等，物业管家都要及时给予答复与解决。在服务过程中注重对客户需求的挖掘、分析与满足，以此为主线，贯穿对客服务的全过程。

日常巡查是物业管家最基础、最重要的工作，对如实、科学地反映物业管理工作的水平起着十分重要的作用。

第六章　社区文化建设 117

社区文化是指一定区域内、一定条件下社区成员共同创造的精神财富及其物质形态。社区文化建设得好会使一个物业升值，因此，在现在的物业管理工作中越来越重视社区文化的建设，物业管家必须知道如何规划、组织开展社区活动。

第七章 物业管理费催缴 139

物业管理费的收缴是一个比较敏感的问题，近两年来经常会出现一些业主拒交物业管理费的现象。如果物业管理费收缴不上来就会严重影响物业公司的日常经营，所以，物业管家必须掌握这方面的相关知识及管理措施。

第八章　客户关系管理 ………………………………… **171**

　　物业公司属于服务性行业，其客户就是业主或非业主使用人。物业公司在经营、管理和服务的过程中，不可避免地会与业主或非业主使用人产生极其复杂的关系。因此，实施客户关系管理对物业公司有着至关重要的意义。

第九章　客户投诉处理 191

客户投诉是指外部客户认为由于物业服务工作的失职、失误、失度、失控伤害了他们的尊严或权益，或其合理需求没有得到满足，从而通过口头、书面和电话网络等形式反映的意见或建议。处理投诉是物业管家日常工作中的一项重要任务，也是与业主（用户）直接交流和沟通的最佳方式。

9.1　**客户投诉概述** **192**

第十章 公告、通知类文书写作.................219

由于物业公司提供的产品是无形的服务，而且很多服务是业主不易感知到的，所以很多业主对物业管家所做的大部分工作毫不知情，如房屋及设备设施的日常维护和保养，每月化粪池的清掏，公共设施的消毒等。因此，在日常的物业管理活动中，物业管家在告示栏里可以通过一些通知、简讯、提示、通告、启事等来告知业主有关物业服务的事项。

第一章 物业管家概述

▶ **学习目标**

1.能描述管家服务模式的定义，能阐述管家式服务的特点、管家服务的几个阶段。

2.能概括物业管家岗位的角色、物业管家人数配置标准、物业管家上岗物资配备要求。

3.能说明物业管家的职责。

4.能说明物业管家的任职条件，能找出自己的差距并制订有针对性的学习计划。

5.能列出物业管家的日常工作清单。

导读 >>>

随着物业管理的市场化程度越来越高，客户服务需求已从原来的被动服务变为主动服务，从公共基础服务向个性化、人性化服务需求延伸。物业管家作为直接为客户提供服务的载体，有三重角色定位：对外是企业品牌形象代言人，对内是项目经理的得力助手，对客是业主的贴心人。

1.1 管家服务模式

要想妥善解决业主与物业管理公司的矛盾，物业管理公司就不能用对立的眼光看待这个问题，而应当摆正自己的位置，把"管家意识"全面引入物业管理，尤其是住宅小区的物业管理工作中。

1.1.1 何谓管家服务模式

管家服务模式是指将物业管家作为物业服务中心的中枢，由责任区域管家直接面对业主，倾听业主的意见、建议和投诉，为业主（用户）提供一站式及一对一贴心专职服务。业主在遇到与维修、保安、清洁、绿化、装修、消杀、车辆管理及商务、庆典、家居等有关的问题时，都可与物业管家联系，并在短时间内得到有效解决。每位物业管家在接到业主的投诉或服务要求时，能自行解决的按程序快速解决，不能自行解决的立即按流程协调相关部门督促解决，并且跟进反馈，这样就可以保证业主的任何诉求都能在最短的时间内得到响应和解决。

"管家意识"将会全面推进物业管理公司的工作，从内部管理制度上体现"管家"式的细致服务；在与业主（用户）、客户关系的处理上，尊重他们的意见，尽其所能满足一切合理要求；在对外关系上全力维护业主的利益，保证业主的权益不受损害。

1.1.2　管家式服务的特点

1.1.2.1　亲和性

从根本上说管家与业主的利益是一致的，物业管理公司如果能把自己看作业主的"家里人"，站在业主的角度处理双方关系，许多问题就会迎刃而解了。

某小区有一个好管家，他与很多住户成了非常要好的朋友，业主非常信任他，有了困难第一时间请他出主意、帮忙，外出时甚至将自家钥匙交给他，回来后还不忘给他带一件小礼品。当然，这个小区也存在各种各样管理上的问题，业主会善意地给他指出来，他也会认真地解决并做出回复，良好的服务、融洽的关系使该小区的管理进入了良性运转。

1.1.2.2　主动性

物业管理公司的管理者必须具有超前意识，将服务工作考虑得周到细致，而不是等到用户投诉后再改正。

1.1.2.3　护主性

管家必须高度重视业主的利益，不只是表现在日常服务中管好业主的家，还表现在对外充分维护业主的利益。例如，物业管理公司在为业主提供商务、庆典等特约服务项目时，需要与第三方服务公司建立联系，在这种情况下，物业管理公司就变身为业主的代表，要千方百计地为业主争取权益，让服务公司提供质优价廉的服务。

1.1.3　管家服务的几个阶段

1.1.3.1　业主装修期

装修期是业主最辛苦的阶段，也是物业服务最繁忙的时期。解决业主在装修过程中遇到的问题并做出快速反应，是物业管家要努力达到的目标。

1.1.3.2　小区日常运作期

在日常运作期，物业管理公司应按照物业标准化作业规程提供日常综合服务，履行《前期物业服务合同》，收取物业服务费用，接受业主的监督。

1.2 物业管家岗位角色与配置

1.2.1 物业管家岗位的角色

物业管家是物业服务中心负责客户接待、事项跟进、咨询解答、事务流转等工作的岗位。作为物业服务中心与业主联系的纽带，物业管家负责跟进沟通一切对客事务，所有与业主有关的事项都要通过责任区域的物业管家统一协调、反馈。物业管家对其责任区域的物业费缴纳、投诉接待、装修申报、维修跟进、咨询解答、求助支援、日常巡视等全面负责，并有权协调其他相关部门共同处理解决。物业管家与物业服务中心、业主的关系如图1-1所示。

图1-1 物业管家与物业服务中心、业主的关系

物业管家是直接面对客户、服务客户的一线工作人员，应全力以赴做好客户服务工作，想业主之所想，急业主之所急。所以，物业管家必须具备强烈的责任心，以及沟通、协调、组织等各方面工作能力。

该岗位倡导提供预约式服务及主动接触、主动服务的理念，并通过预约服务实现客户服务的增值。物业管家在不违背公司立场的基础上，要通过各种有效的方法，为责任区域内客户提供优质服务。

1.2.2 物业管家人数配置标准

根据住宅项目的类型、档次、常规工作量等情况，每个项目均有相应的物业管家编制，物业服务中心不得随意增减，住宅项目主要以户数为配置标准，一般按表1-1所示的标准配置。

表 1-1 住宅项目物业管家人数配置标准

住宅类型	配置户数	
	高配	低配
多层、小高层、高层、超高层	每 100 ~ 200 户配置 1 名管家	每 200 ~ 400 户配置 1 名管家
别墅	每 30 ~ 50 户配置 1 名管家	每 50 ~ 100 户配置 1 名管家

对于新入伙项目，由于前期维修、监管、沟通等工作量较大，除按标准配置物业管家外，物业服务中心还可根据实际情况，配置临时客服助理，分担前台接待、现场监管等工作。配备人数根据服务中心实际工作需要确定。

1.2.3 物业管家上岗物资配备

为方便物业管家更好地开展客户服务工作，物业服务中心将为其配备专用移动电话。移动电话由物业管家专人专管，服务信息向业主公开公示，电话保持 24 小时畅通，不得关机，所有来电必须由责任区域物业管家接听，接听要求与前台电话接听要求相同。

服务号码不随人员变动而变化。如因工作调动，原来的物业管家不再负责该区域，在人员调整时只变动相关人员，面向该区域的服务电话号码不变，业主只需拨打同一个电话号码，就会有相应的物业管家为其提供服务，除电话外，物业管家还可利用微信、短信等形式，为业户提供服务。

1.2.4 物业管家信息公示

物业管家的姓名、照片、移动电话号码、物业中心联系电话等以服务信息牌的形式在责任区域内各楼栋大堂公示（如图 1-2 所示），公示的信息应注意准确、及时，如发生人员变动，应及时进行更换。

图 1-2 物业管家信息公示图片示例

1.3 物业管家的职责

1.3.1 物业管家主管的职责

物业管家主管全面负责部门工作，对项目经理负责。物业管家主管负责接待客户，受理物业服务区域内业主的咨询、投诉、报修等对客服务事务。具体职责为：

（1）负责督导客户入伙进驻、装修、迁出、退租等相关服务流程的规范执行；

（2）负责督导日常客户服务接待的规范执行；

（3）负责统筹安排并督导检查与客户日常沟通的效果，如月度拜访、问卷调查、客户活动等，保证解决客户意见并及时反馈；

（4）负责统筹安排并督导每年定期组织的各种形式的客户联谊活动，并做好效果反馈、活动总结；

（5）负责统筹安排并实施客户宣传推广或宣传沟通工作，检查实施效果和改进措施；

（6）负责督导每月或定期的客户拜访，并会同其他业务部门共同研讨，协调解决客户建议或意见，监督落实、反馈；

（7）负责督导每半年进行一次的客户问卷调查，并会同其他业务部门共同研讨，协调解决客户建议或意见，监督落实、反馈；

（8）负责接待并处理客户投诉，监督处理结果，与客户沟通，直至客户满意；

（9）负责参与并监督项目环境及形象的巡视，包括项目外围及各楼层清洁、绿化、装修现场形象、项目重点区域形象等，记录不良之处并监督跟进处理结果；

（10）负责处理客户发生的事故事件，并上报总经理。

1.3.2 客服管家的职责

客服管家主要负责协助部门主管做好对客服务及物业事务，对部门主管负责。具体职责为：

（1）协助部门主管做好公共事务的管理工作，负责处理一般性日常事务；

（2）负责落实对外承包各项目（清洁、消杀等）的监督、检查和考核工作，监督完成工作质量；

（3）负责组织物业公共区域及空置房屋的巡视检查，确保公共区域完好和空置房屋内设施安全；

（4）负责组织客户意见征询活动，落实客户投诉，并针对各种问题提出具体的解决方案及建议并跟踪；

（5）与业主密切联系，积极为业主解决困难，处理好业主的有效投诉；

（6）协助、配合客服部主管的工作，负责园区物业的巡查、监督、组织、协调工作；

（7）负责检查公用设备、设施（包括标识），对发现的问题和安全隐患，及时通知相关部门处理并记录在案；

（8）检查负责区域的清洁、绿化、消杀情况，发现问题及时处理；

（9）接受客户投诉，协助解决客户投诉问题；

（10）督促客户遵守园区的各项规章制度；

（11）负责对外承包工作（清洁、绿化、消杀等）的监督、检查工作；

（12）当客户（包括外来办事人员）出现违规行为时，及时劝阻并向其解释园区的有关规定；

（13）熟悉园区内各业主/公司的经营和分布情况，熟悉园区的管线、下水、排水道的布置情况，了解水费、电费及管理费的计算方法；

（14）掌握电梯困人、消防报警、治安案件的应急处理方法；

（15）定时检查园区内公用设施、设备，发现问题及时处理；

（16）坚持每天巡视园区，建立园区内各栋楼的空置物业档案，并定时定期检查；

（17）协助公司财务部催收物业管理费等费用；

（18）对园区内的环境、卫生、绿化实行全面监控管理，对乱摆卖、乱停放、乱拉线、乱贴广告等违规行为进行劝说、制止；

（19）完成领导交给的其他临时性任务；

（20）配合居委会、派出所等部门做好国家方针政策的宣传工作。

1.4　物业管家的任职条件

1.4.1　物业管家应具备的基本条件

物业管家应具备的基本条件如表1-2所示。

表 1-2　物业管家应具备的基本条件

序号	条件	说明
1	亲切友善	亲和力是保持良好的人际关系的重要元素，一个微笑可以缩短人与人之间的距离，赢得周围人的好感
2	举止得体	得体的举止不仅可以反映物业管家训练有素，更体现着服务的品质与格调
3	礼貌热情	良好的礼仪修养加上积极向上的处世热情，有利于物业管家与客户建立友情
4	态度积极	物业管家应始终保持积极的态度，偏向于创造而不是保守，偏向于乐观而不是悲观，偏向于希望而不是绝望，偏向于行动而不是空想，偏向于革新而不是一成不变
5	风趣幽默	具有幽默感的人才有亲和力，亲和力是物业管家需要具备的非常重要的特质
6	忠诚务实	忠于职守、勤劳务实、真诚正直是物业管家赢得业主信任的重要途径，也是物业管家职业道德的重要组成部分
7	业务精湛	精湛的业务水准是物业管家胜任工作的前提
8	博学多识	物业管家提供的服务内容不但涉及生活起居的方方面面，还扩展到部分商业与经济管理等领域，因此物业管家应拥有丰富的生活经验与广泛的学识

1.4.2　物业管家应具备的能力

1.4.2.1　心理承受能力

在工作过程中，物业管家会遇到各种各样的环境、各种各样的人和事。这就需要物业管家做好相关协调工作，如果心理承受能力不好，就难以很好地完成工作。

在被业主误解时，物业管家要学会克制自己，做到图 1-3 所示的几点。

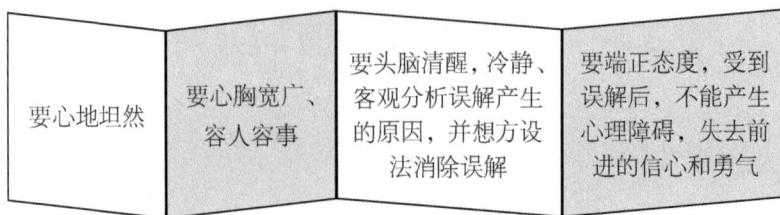

图 1-3　物业管家克制自己的四个要点

要心地坦然

要心胸宽广、容人容事

要头脑清醒，冷静、客观分析误解产生的原因，并想方设法消除误解

要端正态度，受到误解后，不能产生心理障碍，失去前进的信心和勇气

1.4.2.2 计算机操作能力

熟练操作计算机应用是物业管家应该具备的基本技能之一。

物业管家在开展工作时，离不开计算机，如及时更改业主的资料和信息，收缴物业管理费、水电费等，这些都在计算机里有相应的台账。

如今，网络、电子邮件可以使物业公司与业主的沟通更为便捷，更及时地了解业主的反馈意见。所以，物业管家学会并熟练掌握计算机基本的操作技巧，在工作中尤为重要。

1.4.2.3 应变能力

所谓应变能力，是指有效处理突发事件的能力。

一旦小区内发生突发事件，物业工作人员必须在第一时间做出正确的反应，将事件的危害性降到最低。

物业管家每天都面对不同的客户，在处理极少数业主的恶意投诉时，要做到处变不惊。

相关链接 〰〰〰〰〰〰〰〰〰〰〰〰〰〰〰〰〰〰〰〰〰〰〰

提高应变能力的技巧

1. 善于观察

要想让自己遇事能做出快速反应，就要培养自己的观察能力，包括对身边环境的敏锐观察力，对人的情绪的观察力，以及对对方需求的观察力。

2. 冷静分析，平和应对

遇到突发情况时，切忌慌乱和急躁，要深呼吸，强迫自己冷静下来。尽量心态平和地找出问题的原因，以及可能产生的后果。只有这样才会有好的判断力，才能迅速得出应对的方法。

3. 快速联想

多做一些快速联想的练习，例如，通过某个东西快速想到另一个东西，对一件刚发生的事情快速说出自己的三个观点，平时多参加一些有挑战性的游戏。

4. 做好预案

工作中要对一些可能发生的事情，提前想好应对方法。即使这件事情发生的概率很低，也要让自己有所防范。一旦事情发生，你才能做到从容不迫、快速应对。

5. 拓宽自己的能力和知识领域

平时加强学习，不断增加自己的知识储备。

6. 扩大自己的社交范围

多参加活动，多结交各行各业的新朋友，这样才会积累解决问题的经验，提升应变能力。

1.4.2.4 语言表达能力

在物业服务过程中，物业管家需要与业主打交道，需要与内部各管理人员打交道，需要与各个相关部门打交道。在这个过程中，沟通感情、传授知识、总结经验、传递信息、交流思想都要靠语言来表达。

有时，物业管家还要妥善处理、调解因文化背景不同或其他问题引起的各种矛盾和争论，这时，掌握沟通技巧就显得非常重要，物业管家要通过与业主的有效沟通来达到事半功倍的效果。因此，较强的语言表达能力，不仅有助于物业管家清晰阐明自己的观点、立场和态度，而且有利于协调与业主之间的关系，正确处理各种矛盾。

语言表达能力不是先天具备的，而是要依靠后天的学习和锻炼来提高的。这就需要物业管家在平时的工作中有意识地培养自己的思维能力，注意积累各方面的知识，这些都是提高语言表达能力的基础。

1.4.2.5 沟通协调能力

正常的人际交往和有效的沟通是管家服务的重要一环，良好的沟通协调能力是物业管家有效处理开发商、业主和物业公司之间的利益与服务关系的前提。只有了解到业主的真正需求，服务才会有针对性，服务的效果才会更好；只有真正建立起了一个互助合作的管家运行服务体系，服务的开展才可能更为顺畅。

有效的沟通、协调可以使物业服务工作中的各项矛盾大事化小、小事化了。在日常物业服务工作中，物业管家运用沟通技巧解决业主之间矛盾的案例如下。

某业主家中卫生间漏水至楼下。经客服中心鉴定，需要在该业主家中重新做防水处理。

经过物业助理多次协调，该业主仍不愿意配合维修。同时表示，如果要在家中维修，需要交纳 3 万元的保证金，并按照 500 元 / 天的标准赔偿维修期间的损失，还需解决家人如厕、冲凉等生活问题。

作为物业管家，该如何协调处理此事？

【点评】

遇到此类问题，物业管家要先分析业主提出的要求是否有合理性，不要一味地否定业主的诉求（如本案中，业主要求交纳保证金的要求明显是不合理的，应当予以拒绝，但业主对如厕、冲凉的要求是合情合理的，我们必须予以关注和解决）。

1. 在保修期内的处理方法

如果在保修期内，物业管家要学会分析业主的心理。他有以下几种可能性：

（1）他坚决不同意维修，所以开出天价条件让物业公司主动放弃协调；

（2）他对开发商和物业公司有积怨、有情绪，对物业公司一直以来的服务不认可；

（3）他想借机谋取经济补偿等利益；

（4）生活上确实有困难。

物业管家可采取如下七项措施。

（1）疏导情绪，消除对立。先解决情绪上的冲突，心平气和地和业主交流。

（2）寻找关注点，表现出诚意。如果业主对物业以往提供的卫生、维修等服务有意见，就要耐心听取业主的意见，并做出改进。业主在维修期间生活有困难的，要想办法解决业主如厕、冲凉的问题。

（3）介绍关于保修的法律法规。开发商具有保修义务，但其他的条件没有法律条款支持，打消其趁机谋取利益的企图。

（4）多做工作，以情感人。受害方是楼下业主，争取让双方业主建立邻里关系，让楼上业主充分考虑楼下业主的感受。

（5）旁敲侧击，迂回战术。当楼上业主的家庭成员中某一个人坚决不配合的时候，可以从其伴侣、父母等家人入手做工作。

（6）适当妥协。可以采用转扣施工单位质保金、提供 VIP 增值服务、提供月保车位等手段，弥补业主损失。物业管家采取此种手段前必须征得有审批权限的领导的同意，禁止私下操作。

（7）注意保留证据，每次上门协调的过程都要有书面记录，最好有相关业主签字确认。表明物业协调维修的诚意，以免当业主通过法律手段维权时，开发商和物业公司承担不必要的责任。

2. 不在保修期的处理方法

如果不在保修期，那么，这个漏水问题本质上是楼上楼下业主双方的问题，物业公司只是起居中协调的作用。操作要点如下。

（1）保持中立，物业管家不能偏向某一方的业主。

（2）积极协调。向楼上业主介绍楼下业主的困难，向楼下业主介绍楼上业主的顾虑，安排双方见面沟通，并提供法律法规和防水补漏等专业知识，供双方业主参考决策。

（3）当双方关系闹僵，楼上业主坚决不同意维修时，物业管家应多做工作，以楼上业主全体家庭成员为工作对象，定期向楼下业主通报进展情况。必要时，请街道办、居委会出面调解，或以挂号信的形式向楼上业主发出书面的"整改通知书"。

（4）注意保留证据，每次上门协调的过程都要有书面记录，最好有相关业主签字确认。表明物业公司协调维修的诚意，以免当业主通过法律手段维权时，开发商和物业承担不必要的责任。

1.4.2.6 得体的举止展示能力

人际交往的第一印象往往来自交往对象的举止行为。得体的举止展示能力是物业管家提供优质服务的基础。

1.4.2.7 成熟的服务提供能力

基础性的常规服务是有标准可依的，并且服务标准是从服务经验中总结而来的。物业管家应具备成熟的服务提供能力，对物业经营管理较熟悉，了解业主的服务需求，有物业管理行业前台工作经验。

1.4.2.8 敏锐的观察思考能力

物业管家通过提供主动性的精细化服务，为业主创造超值的服务体验。因此，敏锐的观察思考能力是物业管家必备的工作能力。

1.4.2.9 较强的组织策划能力

在物业管家向业主提供系统服务时，业主的需求往往不是通过物业管家一个人的努力就能得到满足的，有时需要更多的人通力协作，因此较强的组织策划能力也是物业管家很重要的能力之一。

1.4.2.10 良好的运行协调能力

物业管理不但涉及项目内部管理还涉及业主服务等内容，物业管家要有效地处理好开发商、业主和物业管理公司之间的关系，要灵活处理业主的各类投诉。因此，物业管家必须具备良好的组织协调能力，有较强的应急、应变能力。

1.4.2.11　理性的督导管理能力

物业管家能否带领项目所有人员努力工作，达成上级制定的经营目标、管理目标和服务目标，取决于物业管家是否具有督导管理能力。

1.4.3　掌握物业各项基本服务内容与要求

物业管家是物业管理服务的名片，代表了物业服务企业的形象、品质，所以物业管家需要全面掌握物业服务的基本内容。

1.4.3.1　公共设备设施管理

（1）维修养护制度健全并在工作场所明示，工作标准及岗位责任制明确，执行良好。

（2）共用设施设备按照项目配套建设管理责任分工运转正常、维护良好，有设备台账、运行记录、检查记录、维修记录、保养记录；对设备故障及重大或突发性事件有应急方案和现场处理措施、处理记录。

（3）实行 24 小时报修值班制度。急修报修半小时内到达现场，预约维修报修按双方约定时间到达现场，回访率 95% 以上。

（4）机电设备、监控等设备运行人员技能熟练，严格遵守操作规程及保养规范。

（5）停车场地面平整，道路通畅，交通标志齐全规范。

（6）园区灯、景观灯等公共照明设备完好率 98% 以上，按规定时间定时开关。

（7）雨水井、化粪井每月检查 1 次，根据需要定期清理疏通，保持通畅，无堵塞外溢。

（8）在接到相关部门停水、停电通知后，按规定时间提前通知用户。

1.4.3.2　房屋结构管理

（1）每年两次以上对房屋结构进行检查，涉及使用安全的部位每季度检查一次，并做好记录，发现损坏及时安排专项修理并告知相关业主、使用人。

（2）门窗。每天巡视园区内公共部位门窗，保持玻璃、门窗配件完好，门窗开闭灵活并无异常声响。

（3）公共区域内墙面、顶面、地面粉刷层无剥落，面砖、地砖平整不起壳、无缺损。

（4）每月对泄水沟、园区内外排水管道进行一次清扫、疏通，保障排水畅通（6月至9月每半月检查一次），每半年检查一次屋顶，发现防水层有气臌、碎裂，隔热板有断裂、缺损的，应及时修理。

（5）每半月巡查一次围墙，发现损坏立即修复，铁栅栏围墙表面无锈蚀，保持围墙完好。

（6）每周巡查一次路面、侧石、井盖等，发现损坏及时修复，保持路面平整、无破损、无积水，侧石平直无缺损。

1.4.3.3　公共休闲设施管理

（1）每日对休闲桌椅、凉亭、雕塑、景观小品等进行一次巡查，发现损坏立即修复，保持原有面貌，保证其安全使用。

（2）每日巡查一次室外健身设施、儿童乐园等，发现损坏立即修复，保证器械、设施的安全使用（如需更换的除外）。

1.4.3.4　安全标志管理

对危险隐患部位设置安全防范警示标志，并在主要通道设置安全疏散指示和事故照明设施，每月检查一次，保证标志清晰完整，设施运行正常。

1.4.3.5　供水系统管理

（1）每周检查供水设备三次以上，每季度为水泵润滑点加油，每季度对泵房、管道等进行一次除锈、刷漆，每年保养一次水泵，保证二次供水正常，泵房整洁。

（2）每年定期清洗一次水表过滤网、高层水箱、蓄水池，二次供水水质符合国家生活用水标准。

（3）每月对供水阀进行一次检测及保养并做好记录。

（4）水表箱、蓄水池盖板应保持完好并加锁，溢流管口必须安装金属防护网并保证完好，每年冬季对暴露水管进行防冻保养。

1.4.3.6　排水系统

（1）每天检查两次污水泵、提升泵、排出泵，每季度进行一次润滑加油。

（2）每年两次对污水处理系统进行全面维护保养。

（3）控制柜电气性能完好，运作正常。

（4）污水处理周边基本无异味，过滤格栅无堵塞，污水排放符合环保要求。

（5）每年清洗化粪池两次。

1.4.3.7 公共照明

每周巡检两次公共照明设备，修复损坏的灯座、灯泡、开关等，保持园区灯、景观灯、节日彩灯、大堂吊灯等完好，完好率达 98% 以上。

1.4.3.8 公共电气柜

每月对室内、室外的公共电气柜进行一次巡检、保养，每年对电气安全进行一次检查。保证电气设备运行安全正常。

1.4.3.9 消防设施、设备

（1）消防泵每季度启动一次并做好记录，每年保养一次，保证其运行正常。

（2）每天检查火警功能、报警功能是否正常。

（3）每月巡查一次消防栓，确保消防栓箱内各种配件完好。

（4）每半年检查一次消防水带、阀杆处加注润滑油并做一次放水检查。

（5）每月检查一次灭火器，临近失效立即更新或充压。

1.4.3.10 弱电系统

（1）不定期对楼宇对讲系统（可视）进行调试与保养，保证其 24 小时运行正常，对讲主机选呼功能正常，且选呼后的对讲（可视）功能正常，语音（图像）清晰，对讲分机开锁功能、门体的闭门器自动闭门功能正常。

（2）住户报警。不定期进行调试与保养，保证其 24 小时运行正常，中心报警控制主机应能准确显示报警或故障发生的信息，同时发出声光报警信号。

（3）周界报警。24 小时设防并正常运行，不定期进行调试与保养，保证该系统的警戒线封闭、无盲区和死角，保证中心控制室能通过显示屏、报警控制器或电子地图准确地识别报警区域，收到警情时，能同时发出声光报警信号。

（4）监视系统。不定期进行调试与保养，保证各项监控设备 24 小时正常运行，能清楚显示出入人员的面部特征和车辆的车牌号，录像功能正常。

（5）电子巡更。根据需要设定巡更路线、时间，不定期地进行调试与保养，保证其正常运行，保持巡更时间、地点、人员和顺序等数据的显示、归档、查询和打印等功能正常，巡更违规记录提示功能正常。

1.4.3.11 电梯系统

（1）保证电梯 24 小时运行，轿厢内按钮、灯具等配件保持完好，轿厢整洁。

（2）委托专业维修保养单位进行定期保养，每年进行安全检测并持有有效的《安全使用许可证》，有专人对电梯保养进行监督，并对电梯运行进行管理。

（3）电梯发生一般故障的，专业维修人员两小时内到达现场修理，发生电梯困人或其他重大事件时，物业管理人员须在五分钟内到达现场进行应急处理，专业技术人员须在半小时内到现场进行救助。

1.4.3.12 房屋管理

（1）按有关法规、政策规定和《业主管理规约》约定对房屋及配套设施进行管理服务。

（2）项目主出入口设房屋、道路平面分布图、宣传栏。项目内各路口、栋、门、户及其他公共配套设施场地标识齐全、规范、美观。

（3）房屋外观（包括屋面、露台）完好、整洁；公共楼梯间墙面、地面无破损；外墙及公共空间无乱张贴、乱涂、乱画、乱悬挂现象；室外招牌、广告牌等按规定设置，整齐有序。

（4）对违反规划私搭乱建及擅自改变房屋用途现象应及时劝告，并报政府有关部门依法处理。

（5）不得封闭阳台，或保持阳台封闭规格色调一致。

（6）空调安装位置统一，高层住宅应组织实施冷凝水集中排放。

（7）房屋装修符合规定，有装修管理服务制度；与客户、装修公司签订装修管理协议，查验装修申请方案及审批记录；对进出项目的装修车辆、装修人员实行出入证管理；对装修现场进行巡视与检查，有日常巡查记录及验收手续；对私拆乱改管线、破坏房屋结构和损害他人利益及公共利益的现象及时劝告，问题严重的报政府有关部门处理；督促装修垃圾及时清运。

1.4.3.13 公共秩序的维护

公共秩序的维护标准如表1-3所示。

表1-3 公共秩序的维护标准

序号	岗位	标准
1	门岗	（1）岗亭室内美观整洁,人员统一着装。主出入口24小时立岗值勤（其中7：00—19：00 设置双岗值勤） （2）对园区机动车出入验证；对外来机动车登记换证，并有详细交接班记录和外来车辆的登记记录 （3）外来人员进入项目时，通过对讲系统联系业主，决定是否放行 （4）对进出项目的车辆进行管理和疏导，保持出入口环境整洁、有序、道路畅通；对大型物件搬出实行记录

（续表）

序号	岗位	标准
2	巡逻岗	（1）安管人员手持巡更采集器，按指定的时间和路线每小时巡查一次，并做好巡查记录。重点部位应设巡更点，在正常情况下到达每个巡更点的时间误差不超过两分钟，监控中心有巡更记录。巡逻过程中对可疑人员进行询问，发现火警或治安隐患、事故及时报告有关部门和信息中心 （2）接到火警、警情后及时到达现场，协助保护现场，并报告物业服务中心与警方 （3）在遇到异常情况或住户紧急求助时，及时赶到现场，并采取相应措施
3	监控岗	（1）监控中心应具备录像监控等技防设施，24小时开通，并有人驻守，注视各设备所传达的信息 （2）监控中心接到报警信号后，安管人员应及时赶到现场进行处理，同时中心应接受用户救助的要求，解答用户的询问 （3）项目应有火警、水警、警情应急预案，并在监控中心控制室内悬挂；每年应组织不少于1次的应急预案演习
4	小区车辆管理	（1）地面、墙面按车辆道路行驶要求设立指示牌和地标，车辆行驶有规定路线，车辆停放有序 （2）有专职人员24小时巡视和协助停车事宜 （3）收费管理的停车场应24小时有专人管理，车辆按规定有序停放，车场内配置道闸和录像监视，地面、墙面按车辆道路行驶要求设立指示牌和地标，照明、消防器械配置齐全，停车场场地每日清洁一次，无渗漏，无积水，通风良好，无易燃、易爆及危险物品存放 （4）项目内公共娱乐设施、水池等部位，设置安全警示标志 （5）对出入项目的机动车辆进行引导，行驶有序并停放在指定位置。非机动车辆停放整齐 （6）设有中央监控室的实施24小时安全监控并及时记录 （7）看管公共财产，包括公共的门、窗、消防器材及项目的井盖、雨箅子、小品、花、草、树木等 （8）对火灾、水浸等突发事件有应急处理预案 （9）定期对服务人员进行消防培训，保证消防通道畅通，消防器材可随时启用

1.4.3.14 保洁服务

（1）项目内公共区域（硬化地面、主次干道）每天清扫1次，干净整洁；室外标识、宣传栏、信报箱等每周擦拭2次。

17

（2）公共区域日常设专人保洁，保持公共区域干净整洁无杂物。

（3）公共园区每天清扫1次；扶手每天擦洗1次，保持干净整洁。

（4）根据项目实际情况合理布设垃圾桶、果皮箱。

（5）按楼栋口或区域收集垃圾，每天2次。

（6）垃圾清运日产日清，垃圾桶、果皮箱无满溢现象。

（7）垃圾设施每天清洁2次，无异味。

（8）公共区域玻璃每周擦洗1次。

（9）及时清扫区内主路、干路的积水、积雪、废屑。

（10）进行保洁巡查，园区内无乱悬挂、乱贴乱画、乱堆放等现象。

（11）建立消杀工作管理制度，根据实际情况开展消杀工作，适时投放消杀药物，有效控制鼠、蟑、蚊、蝇等的滋生。

（12）饲养宠物符合有关规定，对违反者进行劝告，并报有关部门进行处理。

1.4.3.15　绿化

绿化服务内容与标准如表1-4所示。

表1-4　绿化服务内容与标准

序号	项目	标准
1	绿化养护	（1）花草树木生长良好，无枯死、无树挂，适时修剪、疏密得当，有良好的观赏效果；树形符合自然特征，整形植物保持一定形状。发现死树应在一周内清除，并适时补种 （2）草坪生长整齐，高度不应超过5厘米，超过时应及时进行修剪 （3）草坪及时清除杂草，有效控制杂草滋生；无垃圾、无烟头纸屑 （4）绿篱枝叶较茂密，超过平齐线10厘米时应进行修剪，绿篱根部无死枝枯叶及杂物，当天清除修剪废弃物 （5）根据气候状况和季节，适时组织浇灌、施肥和松土，花草树木长势良好 （6）适时组织防冻保暖，预防病虫害，无明显病虫害迹象 （7）园林建筑和辅助设施完好，整洁无损 （8）绿化地设有提示人们爱护绿化的宣传牌
2	草坪维护	（1）修剪草坪常年保持平整，边缘清晰，草高不超过10厘米 （2）及时清除杂草，做到基本无杂草 （3）灌、排水常年保持有效供水，有覆沙调整，地形平整、流畅 （4）按肥力、草种、生长情况，适时适量施有机复合肥两到三遍

（续表）

序号	项目	标准
2	草坪维护	（5）病虫害防治以预防为主，进行综合治理，严格控制病虫害 （6）其他绿草如茵，斑秃黄萎低于 5%
3	树木维护	（1）每年修剪乔、灌木三遍以上，无枯枝、萌蘖枝；篱、球、造型植物按生长情况，造型要求及时修剪，做到枝叶茂密、圆整、无脱节；地被、攀缘植物修剪、整理及时，每年三次以上，基本无枯枝 （2）除草、松土，保证常年土壤疏松通透，无杂草 （3）按植物品种、生长、土壤状况适时适量施肥。每年普施基肥不少于一遍，花灌木增追施复合肥两遍，满足植物生长需要 （4）病虫害防治：预防为主、生态治理，各类病虫害发生率低于 5% （5）扶正、加固树木基本无倾斜 （6）乔灌木生长健壮，树冠完整，形态优美；花灌木按时开花结果；球、篱、地被生长茂盛，无缺枝、空档
4	花坛花境维护	（1）灌、排水保持有效供水，无积水 （2）缺枝、倒伏及时补种 （3）修剪、施肥及时清除枯萎的花蒂、黄叶、杂草、垃圾。每年施基肥一次，每次布置前施复合肥一次，盛花期追肥适量 （4）适时做好病虫害防治

1.5 物业管家日常工作清单

为了保证工作有序，能够及时处理重要的问题，物业管家应制定日常工作清单，如表 1-5 所示。

表 1-5 物业管家日常工作清单

序号	工作内容	工作时间	工作质量记录	指导文件	备注
1	参与部门晨会	8:00—8:15	"物业服务中心会议纪要""物业服务中心会议签到表"	"物业服务中心晨会流程"	—

（续表）

序号	工作内容	工作时间	工作质量记录	指导文件	备注
2	业主微信群、朋友圈维护和宣传	8:15—8:30	微信记录	"管家微信管理操作规程"	朋友圈发布天气预报、每日工作汇报、社区资讯、社区文化活动，以及文明养狗、禁止高空抛物、禁止车辆乱停乱放的宣传等。如有停水、停电、停气，应及时发布通知
3	一天工作计划	8:30—9:00	—	—	根据日常工作及部门工作任务安排，灵活规划当天工作，应按时间节点完成
4	公共区域巡查	9:00—10:00	"管家工作日志"	"管家（常规物业）操作规程"	每周对所辖片区范围巡查一次，包括安全、消防、公共区域设备设施、社区环境、宣传栏的管理与维护、交通、公共信息、商铺等
5	业主（用户）拜访/诉求处理	10:00—11:30	"拜访记录表""业主（用户）拜访问题跟踪表""管家服务清单""诉求记录表"	"管家（常规物业）操作规程"	每半年对所辖片区的业主拜访一次，包括常住、非常住、未入住的业主，可以通过上门、打电话、发微信等形式进行问候
6	总结	11:30—12:00	—	—	对上午的工作进行总结
7	物业服务费催缴	14:30—15:30	"催费记录表"	"管家（常规物业）操作规程"	—
8	公共区域巡查	15:30—16:30	"管家工作日志"	"管家（常规物业）操作规程"	每周对所辖片区范围巡查一次，包括安全、消防、公共区域设备设施、社区环境、宣传栏的管理与维护、交通、公共信息、商铺等
9	总结	16:30—17:00	—	—	对下午的工作进行总结

学习思考

1. 管家式服务有何特点？

2. 物业管家岗位在物业服务中的角色是怎样的，物业管家上岗通常要配备哪些物资？

3. 请描述物业管家主管和客服管家的职责。

4. 要胜任物业管家这一岗位，应具备哪些基本条件？

5. 物业管家应具备哪些能力？

6. 请简单列出物业管家的日常工作清单。

学习笔记

_____

_____

_____

_____

_____

_____

_____

_____

_____

_____

第二章　物业管家礼仪

▶ **学习目标**

1. 能描述物业管家的制服、发型、妆容、首饰、个人卫生要求，能够按照公司规定展示良好的仪容仪表。

2. 能说明站姿、坐姿、走姿、蹲姿、手势等的标准要求，能够展示自己良好的举止仪态。

3. 能说明表情的要求，能够养成微笑的习惯。

4. 能说明言谈的基本要求，能表达常用对客服务用语、文明用语，能保证服务禁语不出口。

5. 能说明电话接听、微信沟通、引见、接待的礼仪要求，并且能以最好的礼仪状态展现出来。

导读 >>>

礼仪是一门综合性较强的行为科学，是指在人际交往中，自始至终以约定俗成的程序、方式来表现的律己、敬人的完整行为。在物业服务过程中，物业管家应以符合规范的形象和行为，表达对业主的尊重——包括仪容仪表、行为举止、表情、沟通语言、社交准则等。

2.1 仪容仪表

仪容仪表通常是指人的外观、外貌。在人际交往中，每个人的仪容都会引起交往对象的特别关注，并将影响对方对自己的整体评价。

2.1.1 制服

（1）物业管家在上班时间除特殊规定以外必须穿着制服。

（2）制服必须整洁、平整，按制服设计要求系上纽扣，挂上挂钩。无松脱和掉扣现象。

（3）爱护制服，使之干净、无污迹、无破损及补丁。

（4）在工作场所和工作期间，物业管家应将洁净的工牌端正地佩戴在左胸前，不得任其歪歪扭扭。

（5）在公司或管理处的工作范围内应按规定穿工作鞋，特殊情况需穿非工作鞋时，应穿和制服颜色相称的皮鞋；不得穿凉鞋、拖鞋或赤脚上班。

【实例】

某物业公司工装规范

整体要求：员工上班必须着工装，工装应干净、平整、无污迹、无破损；不可擅自改变工装的穿着形式，不允许自行增加饰物，不允许敞开外衣、卷起裤脚和衣袖；工装外不得显露个人物品，衣、裤口袋整理平整，勿明显鼓起；纽扣须扣好，不应有掉扣；皮鞋洁净无尘。

男管理人员夏装	男管理人员冬装	着装要求
		夏天着白衬衫、西裤，系领带，衬衫下摆必须扎入裤腰内，袖口不可挽起，应扣好，领带下端与皮带扣相接为宜。 冬天着西装、白衬衫，西装必须扣上纽扣，内穿"V"领毛衣要求露出领带。
女管理人员夏装	女管理人员冬装	着装要求
		夏天应着短袖上装、西装裙、西裤或短袖套裙；穿肉色丝袜、船型皮鞋，不着响底皮鞋；丝袜不应有脱线，上端不应露出裙摆；系统一丝巾。 冬天着统一西服，内穿马甲，系统一丝巾。
维修人员夏装	维修人员冬装	着装要求
		夏天统一着蓝色短袖装、长裤、黑色皮鞋。 冬天着统一长袖装。

（续表）

绿化、保洁员夏装	绿化、保洁员冬装	着装要求
		分季节统一着装，要求服装整洁，除风纪扣外其余扣子均需扣好，禁止穿拖鞋上班。

2.1.2　发型

头发整洁、发型大方是个人礼仪中对发式美的基本要求。乌黑亮丽的秀发、端庄文雅的发型，能给客户留下美的感觉，并反映出员工的精神风貌和健康状况。

（1）头发必须常洗并保持整洁，头发的颜色必须是自然色，不准染成其他颜色，不准戴假发。

（2）发式应朴素大方，不得梳理特短或其他怪异发型。

（3）女员工留长发的，超过衣领的长发应整齐地梳成发髻，或以黑色发卡或样式简单的头饰束发；留短发的，肩膀以上的头发应梳理整齐、不得遮住脸；必要时，可用灰黑色发箍及发带束发。

（4）女员工的刘海必须整洁，长不可盖过眉毛。

（5）男员工头发的发梢不得超过衣领，鬓角不允许盖过耳朵，不得留大鬓角，不得留胡须。

【实例】

某物业公司发型规范

整体要求：头发保持整齐清洁，不得有异味；发型应朴实大方，不烫发、染发或留怪异发型。

（续表）

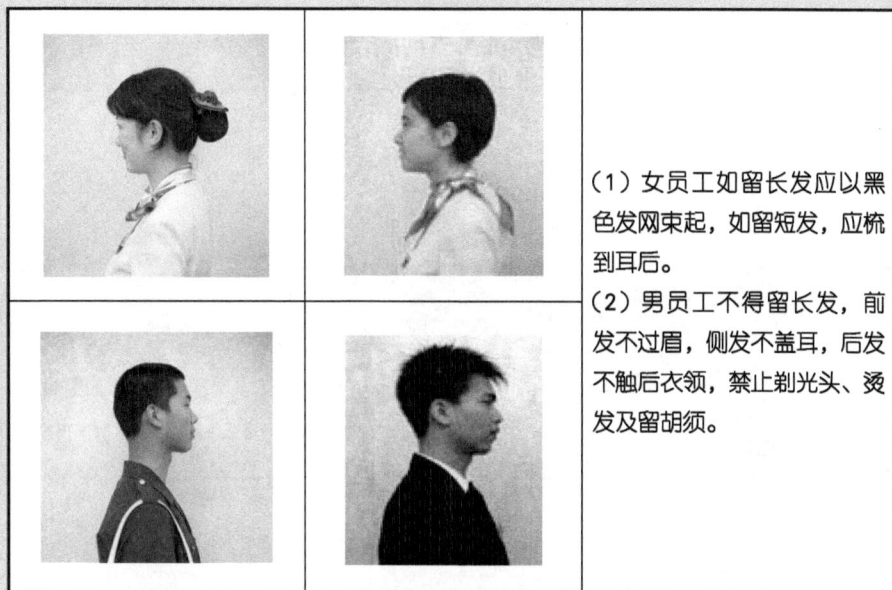

（1）女员工如留长发应以黑色发网束起，如留短发，应梳到耳后。
（2）男员工不得留长发，前发不过眉，侧发不盖耳，后发不触后衣领，禁止剃光头、烫发及留胡须。

2.1.3 妆容

（1）女员工上班必须化淡妆（包括腮红、眼影、口红以及个人使用的粉底），不得浓妆艳抹。口红以红色为主，不准用深褐色、银色等颜色。

（2）面部保持干净、清爽、不油腻。

（3）常修指甲，保持干净和整齐，不得留长指甲。

（4）只允许使用无色的指甲油。

（5）男员工除特殊要求外不得化妆。

（6）使用香水时，不准擦刺鼻或香味浓异的香水。

2.1.4 首饰

（1）可戴一块手表，但颜色必须朴素大方，不可过于鲜艳。

（2）可戴一枚结婚戒指。

（3）可戴一对钉扣型耳环，式样和颜色不可夸张；不准佩戴吊式耳环。

（4）可以戴项链，但不得显露出来；工作用笔应放在外衣的内口袋里。

27

【实例】

某物业公司化妆、饰品规范	
整体要求：不能当众化妆或补妆，补妆要到洗手间或化妆间进行。	
	（1）女员工上班应化淡妆，不可浓妆艳抹，不可使用气味浓烈的化妆品；使用香水以清雅为主。男员工不得化妆。 （2）上班时间一律不允许戴戒指（结婚戒指除外）、项链、耳饰、手镯、手链等饰物。

2.1.5　个人卫生

（1）每天洗脚，常剪脚指甲而且袜子要经常换洗，以免产生异味。

（2）常洗头，避免头发油腻和产生头皮屑。

（3）常剪手指甲，不得留长指甲。

（4）每天洗澡，保持身体清洁卫生无异味。

（5）每天刷牙，饭后漱口，保持口气清新，牙齿洁白无杂物，上班前不吃蒜头、韭菜等气味浓烈的食品。

（6）保持整洁、干净、典雅的外表。

　　清晨要认真计算吃早餐、上班途中所需要的时间，如果你能每天早起5分钟检查自己的仪表，就能使你自信倍增，同时使其他人感到轻松、愉快。

2.2　举止仪态

物业管家在管理、服务过程中，应做到举止大方、不卑不亢、优雅自然。

2.2.1　站姿

物业管家在站立时应自然、优美、轻松、挺拔。

站立时身体要端正、挺拔，重心放在两脚中间，挺胸、收腹，肩膀要放平、放松，两眼自然平视，嘴微闭，面带笑容。平时双手交叉放在身后，与客人谈话时应上前一步，双手交叉放在身前。

女员工站立时，双脚应呈"V"字形，双膝与脚后跟均应靠紧。男员工站立时，双脚既可以呈"V"字形，也可以双脚打开与肩同宽，但应注意不能宽于肩膀。站立时间过长感到疲劳时，可一只脚向后稍移一步，呈休息状态，但上身仍应保持正直。

物业管家的标准站姿如图2-1和图2-2所示。

　　站立时不得东倒西歪、歪脖、斜肩、弓背等，双手不得交叉抱在胸口也不得插入口袋，不得靠墙或斜倚在其他支撑物上。

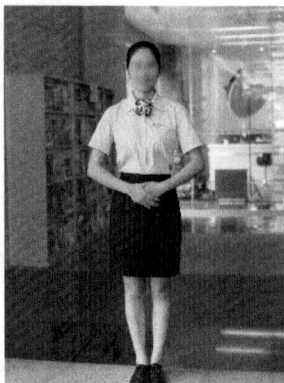

图2-1　前腹式

图2-2　丁字式

2.2.2　坐姿

坐姿要端正稳重，切忌前俯后仰、半坐半躺、抖腿。不论哪种坐姿，女性切忌两腿分开或两脚呈八字形，男士双腿可略微分开，但不要超过肩宽。若需侧身说话，不可只转头部，而应上身与腿同时转动面向对方。

物业管家的坐姿如图 2-3 所示。

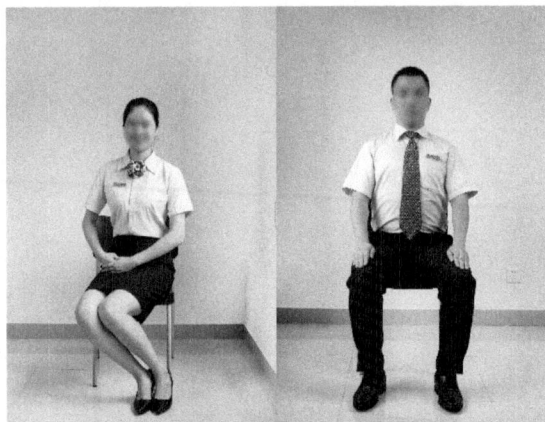

图 2-3　坐姿

2.2.3　走姿

物业管家的走姿要自然大方、充满活力、神采奕奕。

行走时身体重心可稍向前倾，昂首、挺胸、收腹，上身要正直，双目平视，嘴微闭，面露笑容，肩部放松，两臂自然下垂摆动，前后幅度约 45 度，步幅要始终保持一致，一般标准是一脚踩出落地后，脚跟离未踩出脚的脚尖距离大约是自己的脚长。女员工走一字线，双脚跟走成一条直线，步子较小，行如和风；男员工行走时脚跟走成两条直线迈稳健大步（如图 2-4 所示）。

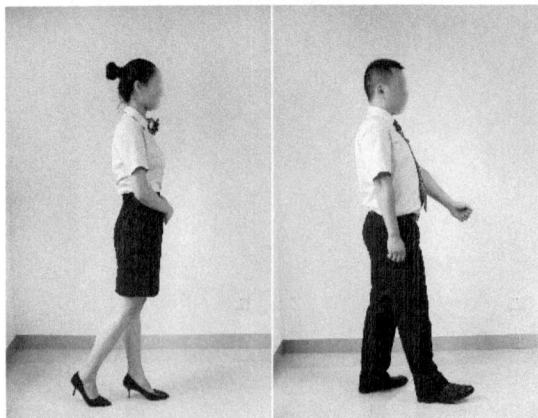

图 2-4　走姿

行走时路线一般靠右行，不可走在路中间。行走过程中如遇客人，物业管家应自然注视对方，点头示意并主动让路，不可抢道而行。如有急事需超越时，应先向客人致歉再加快步伐超越，动作不可过猛；在路面较窄的地方遇到客人，应将身体正面转向客人；在来宾面前引导时，应尽量走在来宾的左前方。

行走时不能走"内八字"或"外八字"，不应摇头晃脑、左顾右盼、手插口袋、吹口哨、慌张奔跑或与他人勾肩搭背。

2.2.4　蹲姿

物业管家要拾取低处物品时不能只弯上身、翘臀部，而应采取正确的蹲姿，如图 2-5 所示。下蹲时两腿紧靠，左脚掌基本着地，小腿大致垂直于地面，右脚脚跟提起，脚尖着地，微微屈膝，移低身体重心，直下腰拾取物品。

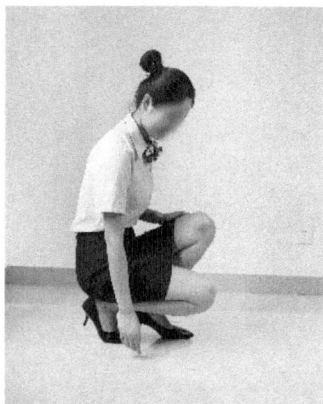

图 2-5　蹲姿

2.2.5　手势

物业管家的手势要优雅、含蓄、彬彬有礼。

在接待、引路或向客人介绍信息时要使用正确的手势（如图 2-6 所示），五指并拢伸直，掌心不可凹陷（女士可稍稍压低食指）。掌心向上，以肘关节为轴。眼望目标指引方向，同时应注意客人是否明确所指引的目标。

图 2-6　指引方向

　　不得用手指方向或用手拿着笔等物品为客人指示方向；不得用手指客人或用笔等物品指向客人；不得用食指指指点点。

2.2.6　举止

（1）注意举止形象，上班时间不得哼歌、吹口哨、跺脚，不得大声说话、喊叫，乱丢乱碰物品、发出不必要的声响，不得随地吐痰、乱扔杂物。

（2）整理个人衣物时应到洗手间或是指定区域，不得当众整理个人衣物或化妆；咳嗽、打喷嚏时应转身向后，并说对不起；不得当众剔牙，确实需要时，应转身用一只手遮住嘴再进行。

（3）关注客人，及时和客人打招呼，表示对客人的尊重；员工在工作、打电话或与人交谈时，如有其他的客人走近，应立即打招呼或点头示意，不准毫无表示或装作没看见。

（4）不要当着客人的面经常看手表。

2.3　表情

　　微笑是物业管家应有的表情，面对客人时要表现得热情、亲切、真实、友好，必要时还要有同情的表情。

　　和客人交谈时应全神贯注，双眼不时注视对方，适当地点头称是，不得东张西望、心不在焉，不得流露出厌烦、冷淡、愤怒、僵硬、紧张和恐惧的表情，不得忸怩作态、吐舌及故意眨眼；有条件的时候应随手做记录，让客人感觉到你在认真地和他沟通。

2.4　言谈及常用语言

2.4.1　言谈的基本要求

（1）声音要清晰、柔和，不要装腔作势。

（2）声调要有高有低，不得让人感受到冷漠和不在意。

（3）音量不要过高或过低，以参与交谈的人都能听清为准。

（4）交谈时，如有三人或三人以上对话，要使用相互都能听得懂的语言。

（5）不准讲粗话，不得使用蔑视和侮辱性的言语，不得模仿他人的语言声调和谈话。

（6）不讲过分的玩笑，不得以任何借口顶撞、讽刺和挖苦客人。

2.4.2　常用对客服务语言

（1）遇到客户时要面带微笑，站立服务。物业管家应先开口，主动打招呼，称呼要得当，问候语要简单、亲切、热情。对于熟悉的客户要称呼客户姓氏。

（2）物业管家与客户对话时宜保持一米左右的距离，要注意使用礼貌用语。

（3）物业管家要用心倾听客户的话，眼睛要平视客户的面部，要等客户把话说完，不要打断客户的谈话，不要有任何不耐烦的表现，要停下手中的工作，目视对方，面带微笑。对没听清楚的地方要礼貌地请客户重复一遍。

（4）说话时，特别是客户要求服务时，物业管家不要表现得厌烦、冷漠、无关痛痒，应说："好的，我马上就来办"或马上安排人员来办。

2.4.3　服务文明用语

物业管家应掌握如表 2-1 所示的服务文明用语，并切实在工作中运用。

表 2-1　服务文明用语

场景	服务文明用语
1. 称呼	"先生""小姐""女士""小朋友""阿姨"
2. 问候	（1）"您好！""早（晚）上好！" （2）"您回来啦！"

（续表）

场景	服务文明用语
2. 问候	（3）"您好！欢迎光临！" （4）"周末 / 节日愉快！" （5）"新年好！""恭喜发财！" （6）"您好！恭喜您乔迁新居！"
3. 答询	（1）"您好，××栋请往这边走（具体方向）。" （2）"您好！客服中心在××，请往这边走！" （3）"对不起，张总刚出去，请稍候，我们马上帮您联系！" （4）"我非常理解您的心情……" （5）"请不要着急，先喝杯水，慢慢说！" （6）"对不起，您说的意思是不是这样……" （7）"非常感谢您的宝贵意见，我们一定努力改进！" （8）"对不起 / 请您稍候，我们马上派人上门 / 现场处理！" （9）"您的意见非常好，我们坐下来再详细谈谈您的想法，这边请！" （10）"非常抱歉，我们暂时未能提供这项服务，如有需要我们马上帮您联系！" （11）"非常抱歉，关于这件事我还需要查询 / 请示，请您留下联系电话，我咨询 / 请示后马上给您回复！" （12）"很高兴为您服务 / 很高兴为您处理这件事情 / 很高兴能够认识您 / 很高兴能够听到您的宝贵意见！"
4. 解释规劝	（1）"对不起，小区内车位已满，请您将车停到××（必须明确具体位置）" （2）"对不起，月保车位已满，如有空缺我们马上为您安排！" （3）"对不起，政府规定……，谢谢您的理解和支持！" （4）"对不起 / 非常抱歉，我们在××设置了吸烟区，谢谢您的理解 / 支持 / 配合！" （5）"您好，这里是公共通道，为了您和他人的生命安全，请您将物品移到室内，谢谢您的支持和配合！" （6）"您好，非常抱歉，此处为消防通道 /×××，为了您和他人的生命安全，请您将车停到××！" （7）"实在对不起，为了保障全体业主的共同利益，请您多加谅解，谢谢您的理解和支持！" （8）"对不起，公共（环境 / 安全 / 秩序）需要大家共同爱护 / 遵守 / 维护，谢谢您的理解 / 支持 / 配合！"

（续表）

场景	服务文明用语
4. 解释规劝	（9）"对不起，整洁的环境需要我们共同维护，请您把废弃物品投入垃圾桶内，谢谢您的支持和配合！" （10）"麻烦您出示放行条。" （11）"对不起，请您到物业服务中心前台办理放行条。" （12）"对不起，辛苦您多跑一趟。办理放行条是为了全体业主的财产安全，请您多加谅解！" （13）"您好，麻烦为您的狗系上狗绳，谢谢您的支持和配合！" （14）"您好，麻烦您清理小狗粪便，出门遛狗请您带上报纸、垃圾袋。园区的环境需要你我共同维护！" （15）"您好，请看护好您的宠物，以免惊吓他人，谢谢您的支持和配合！" （16）"您好，请到××区域遛狗，这里人较多，以免惊吓/伤害他人，谢谢您的支持和配合！"
5. 提醒	（1）"您好！请小心台阶/请小心……" （2）"您好！请注意安全，小心地滑！" （3）"您好，湖边危险，请您不要靠近！" （4）"您好！请锁好车窗，贵重物品不要留在车内！" （5）"您好！注意安全，请照看好您的孩子/宠物/物品！" （6）"您好，今晚可能有台风/暴雨，请您关好门窗，做好防风/防雨准备！" （7）"我们已经在公告栏张贴了××××，请您留意，如有疑问，欢迎您随时来电咨询！" （8）"对不起，您的银行卡可能余额不足，请您及时补存，谢谢您对我工作的支持！"
6. 道歉	（1）"对不起/非常抱歉/不好意思/请谅解/请多包涵！" （2）"对不起，让您久等了！" （3）"对不起，辛苦您多跑一趟！" （4）"由此给您带来不便我们深表歉意！" （5）"我们的工作还有不周到的地方，请您多多包涵！希望您一如既往地支持我们的工作！"
7. 答谢	（1）"谢谢！" （2）"不用谢！" （3）"不客气，这是我们应该做的！" （4）"谢谢您的鼓励/理解/支持/配合！" （5）"谢谢，您的心意我领了，不用客气！"

（续表）

场景	服务文明用语
7. 答谢	（6）"谢谢，您的心意我领了，如果我接受的话就违反了我们公司的规定！" （7）"感谢您的宝贵意见／建议，希望您一如既往地关注和支持我们的工作！"
8. 道别	（1）"欢迎再次光临！" （2）"再见，请慢走。" （3）"这是您的物品，请拿好，再见！" （4）"对不起，耽误您了，请慢走，再见！" （5）"如果您还有其他问题请随时打我电话，请慢走，再见！"
9. 接听电话	（1）"您好，×× 物业，工号 ××× 为您服务！" （2）"您还需要其他帮助吗？" （3）"请不要着急，您慢慢说！" （4）"您的电话信号可能不好，您的意思是不是这样……" （5）"不好意思，麻烦您稍等，我接下另外一台电话，先给他打个招呼！" （6）"您好，非常抱歉，我正在接待业主，请您留下电话，接待完后我马上回复您！" （7）"感谢您的来电，您反映的问题我们会马上处理并在最短时间回复您，再见！"
10. 拨打电话	（1）"您好，×× 物业，工号 ×××，请问您是 × 先生／小姐吗（或 × 栋 × 房的业主吗）？" （2）"谢谢您的支持，再见！"
11. 资料发放	（1）"这是您的收费单据（××× 使用说明书），请您收好！" （2）"这是我们公司的有偿维修价目表，请您过目！" （3）"这是装修管理手册／××××，请您收好，如有不明之处，请致电 ××××× 咨询！" （4）"为了园区规范管理，我们制定了统一的防盗门（防盗网）款式，但厂家不限，请您留意，谢谢您的配合！" （5）"麻烦您在这里签名，谢谢您的支持！"
12. 拜访	（1）"您好，我是客服中心 ×××，这是我的工牌，（拜访目的）" （2）"不好意思，打扰您了！" （3）"谢谢您的支持，请留步。" （4）"您好，打扰您了，我现在开始维修？" （5）"您好，我已处理完毕，请您看一看……，麻烦您在这里签个字，谢谢您的支持！"

（续表）

场景	服务文明用语
13. 盘查	（1）"您好！请问有什么需要帮助？" （2）"您好，请问您到几号楼？" （3）"您好！请问您找哪位？" （4）"对不起，请问您住哪一栋哪一房？麻烦您出示您的证件，我们需要凭证出入楼栋大堂，谢谢您的配合和支持！"

2.4.4 服务禁语

为业主提供最优质的服务、令业主满意，这是每一位物业管家的职业要求。但有的时候，物业管家在与业主沟通时由于说了一些禁忌语，结果不但没能令顾客满意，反而造成适得其反的效果。因此，物业管家应坚决避免如表 2-2 所示的服务禁语在工作中出现。

表 2-2 服务禁语

场景	服务禁语
1. 称呼禁语	"喂""哎""嘿"
2. 回答询问禁语	（1）"不知道（不清楚）" （2）"这个不归我管" （3）"怎么还问" （4）"你有完没完" （5）"你去问别人吧" （6）"你不能等一下吗" （7）"没看见我很忙吗" （8）"你真烦人" （9）"你事真多" （10）"你问我，我问谁" （11）"不是和你说过了吗" （12）"这是规定，难道我会骗你吗" （13）"你买房的时候怎么不看好" （14）"这是其他部门的事，你找他们吧" （15）"这是领导说的，我也没办法"

（续表）

场景	服务禁语
3. 收取费用禁语	（1）"你该交费了" （2）"不交钱停你水电" （3）"交没交你自己不清楚吗" （4）"你自己不会算呀" （5）"我们不会算错的"
4. 上门服务禁语	（1）"修不了" （2）"急什么，没看见我正忙吗" （3）"修不好就修不好，找谁都一样" （4）"我们做不了，你自己想办法吧"
5. 临近上、下班禁语	（1）"还没上班，待会儿再来" （2）"快点，我们要下班了" （3）"怎么这么晚，你怎么不早点来" （4）"下班了，明天再来"
6. 受到指责批评时禁语	（1）"我就是这样" （2）"有意见找我们主管" （3）"你爱和谁说就和谁说" （4）"尽管投诉好了" （5）"又不是我让你搬这儿来住的" （6）"大不了我不做了，怕什么"

2.5 电话接听礼仪

物业管家接听电话的原则为表明身份、表明目的、称呼姓名、仔细聆听、做好记录、重复、道谢/告别。

2.5.1 电话接听的程序

电话接听的程序与要求如表 2-3 所示。

表 2-3 电话接听的程序与要求

顺序	程序	规范及要求
1	铃响，拿起话筒	（1）接听电话以前必须准备好记录用的纸和笔 （2）迅速调整情绪，保持愉悦的心情 （3）拿起话筒以前要把微笑表现在脸上并保持在整个谈话过程中 （4）电话铃响三声之内必须接听；由于特殊原因铃响超过三声之后才接听电话，应马上致歉："对不起，让您久等了！"
2	首先说明自己的身份，并主动征询客人打电话的目的	（1）"您好，××客户服务中心，有什么可以帮到您吗？（请问您有什么事？）" （2）对于"您好"，可用"早上好、下午好、晚上好、新年好、节日快乐"等词语代替 （3）加强对这一句话的语感训练，使声音听起来自然、流畅、清晰、柔和、富于感情
3	交谈	（1）当听清客人打电话的目的后，要准确迅速地判断客人电话内容是属于哪一方面的 （2）在回答客人的问题前，要及时询问客人姓名："请问您贵姓？"，并马上称呼客人的姓氏："您好，陈先生……"并在以后凡需称呼对方时使用客人的姓氏"陈先生……"，直到交谈的最后 （3）对不愿告知姓氏的客人，在谈话的适当时机要再次询问"请问您贵姓？"确实不愿告知的，称呼时要使用："您""先生""小姐" （4）熟练掌握对客服务的有关内容，娴熟地同客人交流 （5）在交谈的同时做好交谈内容的记录 （6）在聆听的时候，要不时地说："好的""是的""我明白""我知道了……"不得长时间一言不发，导致客人认为你心不在焉 （7）在交谈过程中如确需暂时中断谈话,应说:"对不起""请稍候""请稍等一下""请稍候半分钟""我接个电话"；当继续谈话时说："对不起，让你久等了"，但要切记，不能让正在交谈的客人等候一分钟以上
4	记录	（1）如果是属于投诉、建议、报修、不能马上回答的咨询、须请示才能处理的谈话以及重要的来电，要记录好对方的姓名或姓氏、联系方式、地址、内容及要求 （2）如果是找同事的："这里是客户服务中心，您拨打××××××这个号码就可以找到××先生"；如果同事不在，应说："他现在不在，您是否需要留言或电话号码？待他一回来，我就通知他。"然后记录下内容并转交给同事

（续表）

顺序	程序	规范及要求
4	记录	（3）如果碰上了自己的朋友或亲属在上班时间打电话来找自己，要迅速处理："对不起，我现在上班不方便通电话，等我下班后，我立刻和你联系。"不得在上班时间占用客服中心的号码长时间处理私事
5	结束交谈	（1）重复你所记录的内容，并获得对方的确认："……是这样的吗？"及时修正记录内容，并再一次重复，直到它完整地表现客人的意愿 （2）让对方放心："我会尽快处理""我会尽快把这件事向上级汇报……" （3）感谢客人的来电："谢谢您的电话""谢谢您对我们的信任（希望再次接到您的电话）""谢谢您及时通知我""谢谢您的建议……" （4）收线："祝您周末愉快（再次祝您节日快乐），再见。"

2.5.2　接听电话特别注意事项

（1）首先要表明自己的身份。

（2）在交谈过程中要使用清晰、自然的声音，注意音量、音调和语言节奏。

（3）交谈过程中要全神贯注、用心聆听。

（4）询问、记住和使用客人的姓氏。

（5）重复客人的需求。

（6）电话结束前要感谢客人的来电。

（7）在电话交谈中，要使用常用服务用语，不得使用过于口语化的语言。

（8）在交谈中，要善于引导客人的谈话，把握谈话内容的主动权。

（9）每处理一次电话后，要马上总结自己在这次交谈中的不足，促使自己不断提高接听电话的技术。

2.6　微信沟通礼仪

2.6.1　及时回复他人的微信

如果没能及时回复，物业管家就要在方便的时候向对方解释原因，并表示歉意。

2.6.2 能打字就尽量别发语音

物业管家在汇报工作或者有其他重要且复杂的事项需要和他人沟通时，尽量不要发语音。如果对方在开会或者在上课，很可能不方便听语音，而文字总是一目了然，也节省阅读时间。

2.6.3 不要频繁发信息

在微信群里聊天时，物业管家可以扮演话题引导者和气氛活跃者的角色，但要适度，不要一天 24 小时发一些没有营养的"垃圾信息"，不停刷屏。

2.6.4 不要强求别人点赞

尽量不要在微信群里发广告，或强行要求群成员点赞。

2.6.5 注意发送的内容

不要发没有根据和有伤风化的内容。不造谣、不传谣、不信谣，不煽动他人情绪，坚决远离不良信息。

2.6.6 巧用表情符号

聊天时适当加个表情符号，会让人产生亲近感，更直观地表达自己的情绪，也能通过符号释放出你的善意和愿意与对方沟通互动的心意，活跃聊天气氛。当然，发表情也要适度，千万别刷屏！

2.6.7 懂得网络专属语气含义

有些词是带有网络专属语气含义的，如呵呵表示敷衍地回应。如果与他人聊天时，对方总回复"哦"或"嗯"，表明对方很可能有其他事，没有专注和你聊天，或者对方不想继续和你聊下去了，要懂得适可而止。

2.6.8 注意发消息的时间

不要在半夜或大早晨发消息，这样会打扰别人休息。如果对方不回信息，就不要连续发。

2.7 引见时的礼仪

客人与领导见面前，通常由工作人员引见、介绍。引见时要注意以下五点。

（1）在引导客人去领导办公室的途中，工作人员要走在客人左前方数步远的位置，忌把背影留给客人。

（2）在陪同客人去见领导的这段时间内，不要只顾闷头走路，可以随机讲一些得体的话或介绍一下本物业公司的大概情况。

（3）在进领导办公室之前，要先轻轻叩门，得到允许后方可进入，切不可贸然闯入，叩门时应用手指关节轻叩，不可用力拍打。

（4）进入房间后，应先向领导点头致意，再把客人介绍给领导，介绍时要注意措辞，用手示意但不可用手指指着对方。

> 介绍的顺序一般是把身份低、年纪轻的人介绍给身份高、年纪大的人；把男同志介绍给女同志；如果有好几位客人同时来访，就要按照职务的高低，按顺序介绍。

（5）介绍完毕走出房间时应自然、大方，出门后应回身轻轻把门带上。

2.8 接待业主（用户）礼仪

物业管家在进入工作岗位前必须统一着装，正确佩戴工牌，系工装配饰（如发网、丝巾、领带）；进入工作岗位后应迅速备齐办公用品、用具、资料；回顾岗位工作标准要求及各种流程，以平和的心态，精神饱满地迎接业主。

在迎接业主时必须保持规范的礼仪姿态，主动使用标准文明用语迎送业主；工作过程中要不卑不亢、不急不躁，表情亲切自然，举止文明优雅，处处体现专业素养。

2.8.1　前台接待

2.8.1.1　接听电话

（1）第一声铃响后就要接听电话，接听之前铃响不得超过三声："您好，××物业（××客服中心），工号×× 为您服务！"

（2）认真聆听并记录电话内容，复述要点核对记录是否准确，不能打断对方说话。

（3）如有不能马上办理之事，应先记录再向对方致歉："非常抱歉，关于这件事我还需要查询，请您留下联系电话，我咨询后马上给您回复！"

（4）通话结束之前说："感谢您的来电……"，并等待对方先挂电话之后方可挂掉电话。

2.8.1.2　来访接待

（1）当有业主来访时，物业管家应面带微笑起身，并主动问候："您好！"业主携带着行李、购物袋或大件物品时，应主动上前协助或替业主开门。

（2）在接待业主投诉时应认真聆听，委婉地探求对方的目的，并做好相应记录，根据业主要求及时联系相关部门处理并跟进处理结果，第一时间反馈给业主。

（3）当遇到情绪较为激烈、比较固执的业主投诉时应细心聆听、全神贯注，如有必要可将其引导至其他办公室，了解其投诉事宜："您的意见非常好，我们坐下来再详细谈谈您的想法，这边请！"如果业主提出的要求确实无法满足，也不可当即回绝，应委婉地答复："关于这件事我还需要请示，请您留下联系电话，我请示后马上回复您！"

（4）有业主在场时，物业管家不能接听私人电话或旁若无人地大声讲电话，确有紧急电话时，先向客人道歉："不好意思，请稍等，我先接个电话！"并迅速小声接听电话，接完后向客人致歉："不好意思，让您久等了！"

（5）当业主提出的要求不在物业服务范围内时，物业管家应礼貌地解释："非常抱歉，我们暂时未提供这项服务，如有需要我们马上帮您联系！"

（6）业主办完事后离开时，物业管家应主动起立微笑示意，并欠身行礼送行："再见，请慢走！"

2.8.2　拜访业主

（1）物业管家应提前与业主预约，征得业主同意后方可登门拜访。拜访之前，应检查仪容仪表、服饰着装是否规范，是否带齐需要使用的各种物品（如给业主的礼物、信件、记录、文件、工具等）。

（2）到达业主门前应先按门铃，业主回应时主动介绍自己："您好，我是客服中心×××，这是我的工牌，刚与您约好来拜访您！"

（3）得到业主允许进入时，应礼貌致意："不好意思，打扰您了。"套好干净的鞋套或者脱鞋后方可进入。

（4）进门后不可东张西望，经过业主示意后方可落座，保持标准姿势，身体应向业主方向微倾，目视对方，面带微笑说明来意："×先生／女士，打扰您，我想……"

（5）交谈时态度要不卑不亢，不可触及业主隐私，认真聆听，如果事情重要就必须做好记录。

（6）出门时应对业主表示感谢，如"谢谢您的支持，请留步！"

学习思考

1. 请描述物业管家的制服、发型、妆容、首饰、个人卫生要求。

2. 请展示站姿、坐姿、走姿、蹲姿、手势、举止等的标准要求。

3. 言谈的基本要求是什么，物业服务中有哪些服务禁语。

4. 请说明电话接听、微信沟通、引见、接待的礼仪要求。

学习笔记

_____

_____

_____

_____

_____

_____

_____

_____

_____

_____

第三章 物业服务沟通

▶ **学习目标**

1. 能描述沟通的过程和沟通过程的四个因素、沟通的分类及要点。

2. 能概括物业服务中有效沟通的形式,并且能够灵活运用在工作中。

3. 能实施物业管理实践中的十大沟通技巧。

4. 能说明业主的分类,能养成与业主沟通的高效习惯和基本技巧。

导读 >>>

物业管家运用行之有效的沟通技巧，能够把服务落到实处，减少物业管理实践中的冲突和纠纷，提高业主的满意度，促进整个行业健康有序发展。

3.1 有效沟通概述

3.1.1 何谓沟通

沟通是人与人之间、人与群体之间思想与感情的传递和反馈的过程，目的是使思想达成一致，实现感情的有效交流。有效的沟通是通过听、说、读、写等思维载体，以演讲、会见、对话、讨论、网络等方式准确恰当地表达出来，使对方可以接受。沟通的过程如图3-1所示。

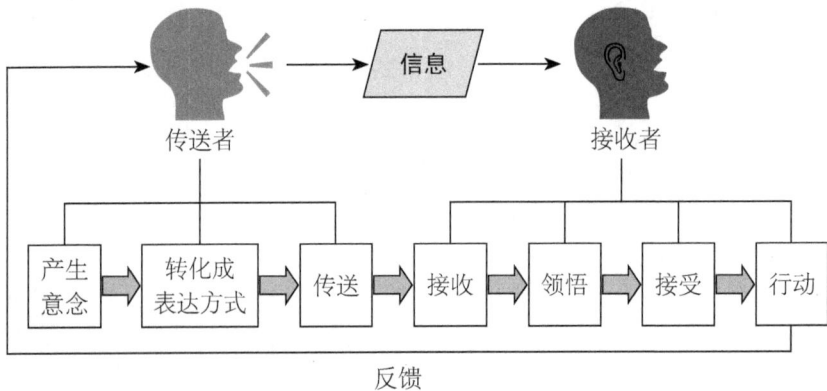

图 3-1　沟通的过程

人与人的沟通过程包括输出者、接收者、信息、渠道等四个主要因素，如图3-2所示。

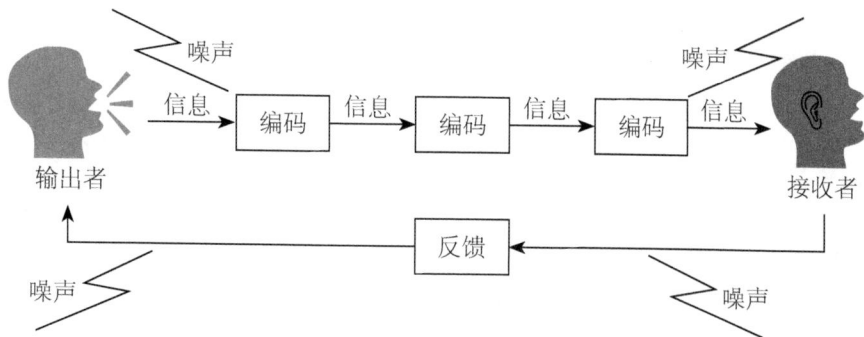

图 3-2 沟通过程中的四个因素

（1）输出者

信息的输出者就是信息的来源，他必须充分了解接收者的情况，选择合适的沟通渠道以利于接收者理解信息。要想顺利完成信息的输出，必须了解编码和解码的概念。编码是指将想法、认识及感觉转化成信息的过程。解码是指信息的接收者将信息转换为自己的想法或感觉。

在从事编码的过程中，图3-3所示的几个方面有利于提高编码的正确性。

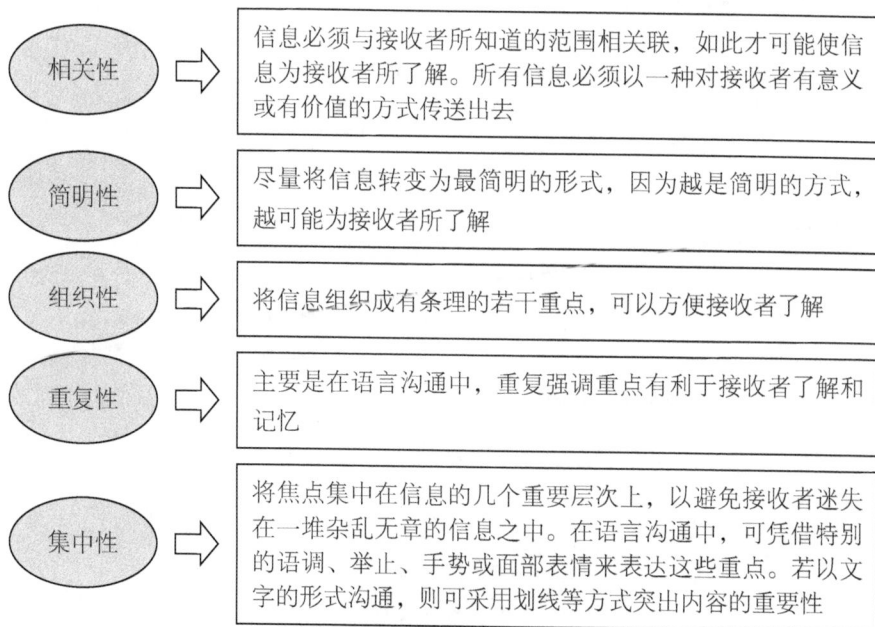

相关性 ⇨	信息必须与接收者所知道的范围相关联，如此才可能使信息为接收者所了解。所有信息必须以一种对接收者有意义或有价值的方式传送出去
简明性 ⇨	尽量将信息转变为最简明的形式，因为越是简明的方式，越可能为接收者所了解
组织性 ⇨	将信息组织成有条理的若干重点，可以方便接收者了解
重复性 ⇨	主要是在语言沟通中，重复强调重点有利于接收者了解和记忆
集中性 ⇨	将焦点集中在信息的几个重要层次上，以避免接收者迷失在一堆杂乱无章的信息之中。在语言沟通中，可凭借特别的语调、举止、手势或面部表情来表达这些重点。若以文字的形式沟通，则可采用划线等方式突出内容的重要性

图 3-3 提高编码正确性的要求

（2）接收者

接收者是指获得信息的人。将信息转化为想法和感受的过程会受到接收者的经验、知识、才能、个人素质以及对信息输出者的期望等因素的影响。

（3）信息

信息是指在沟通过程中传给接收者（包括口语和非口语）的消息。对于同样的信息，输出者和接收者可能有着不同的理解，这可能是输出者和接收者的差异造成的，也可能是由于输出者传送了过多的不必要信息。

（4）渠道

沟通渠道是信息得以传送的载体，可分为正式或非正式的沟通渠道、向下沟通渠道、向上沟通渠道和水平沟通渠道。

3.1.2　沟通的分类及要点

3.1.2.1　按照功能划分

按照功能不同，沟通可以分为工具式沟通和情感式沟通，如图3-4所示。

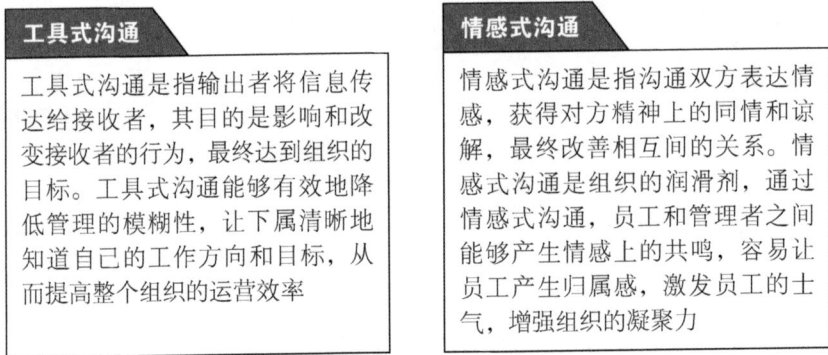

工具式沟通

工具式沟通是指输出者将信息传达给接收者，其目的是影响和改变接收者的行为，最终达到组织的目标。工具式沟通能够有效地降低管理的模糊性，让下属清晰地知道自己的工作方向和目标，从而提高整个组织的运营效率

情感式沟通

情感式沟通是指沟通双方表达情感，获得对方精神上的同情和谅解，最终改善相互间的关系。情感式沟通是组织的润滑剂，通过情感式沟通，员工和管理者之间能够产生情感上的共鸣，容易让员工产生归属感，激发员工的士气，增强组织的凝聚力

图3-4　按照功能划分的沟通类型

3.1.2.2　按照沟通方式划分

按照沟通方式不同，可以分为四种方式，如图3-5所示。

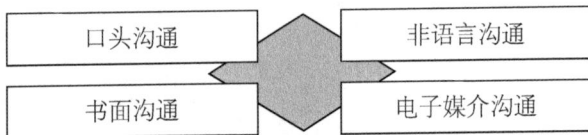

口头沟通　　非语言沟通

书面沟通　　电子媒介沟通

图3-5　按照沟通方式划分的沟通类型

（1）口头沟通

口头沟通是最常见的交流方式。它包括演说、正式的一对一的讨论或小组讨论、非正式讨论以及传闻或者小道消息的传播等。

口头沟通的一个优点是快速传递和快速反馈。它的另一个优点是可以让信息输出者和接收者直接交流，有助于双方对信息的深层次、感性化的理解。

口头沟通的缺点是随着传播链条的加长，信息失真现象会越来越明显。所以，重大决策不适合以口头方式进行传递。

（2）书面沟通

书面沟通包括备忘录、信件、组织内部发行的期刊、布告栏、传单以及其他任何传递书面文字或符号的手段（如图 3-6 所示）。

书面沟通的一个优点是它持久、有形、可以核实。在复杂的需要长时间沟通的情况下，书面沟通尤为重要。书面沟通的另一个优点是其信息量完整、系统，可以供发布信息的人和接收信息的人共同思考。

书面沟通也有缺陷。如耗时较多；缺乏反馈，影响沟通的效果。

（3）非语言沟通

非语言沟通是指通过人的动作和行为来传达信息的沟通方式。它主要包括身体语言和语气语调等。

非语言沟通是相对于语言沟通而言的，是指通过身体动作、体态、语气语调等方式交流信息、进行沟通的过程。在沟通中，信息的内容部分往往通过语言来表达，而非语言则作为提供解释内容的框架来表达信息的相关部分。因此，非语言沟通常被错误地认为是辅助性或支持性角色。非语言沟通的方式如图 3-7 所示。

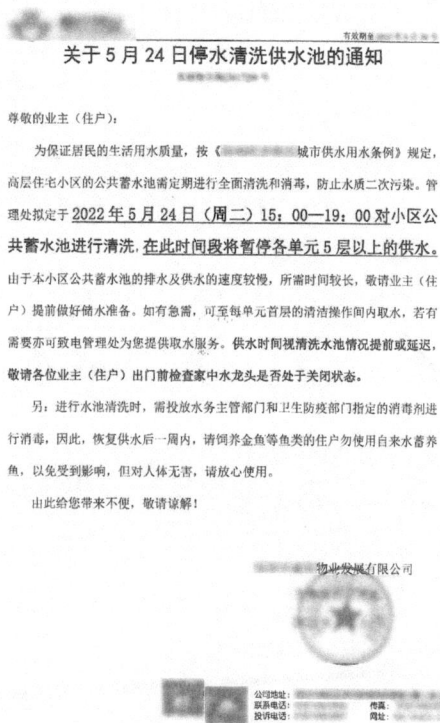

图 3-6　书面沟通

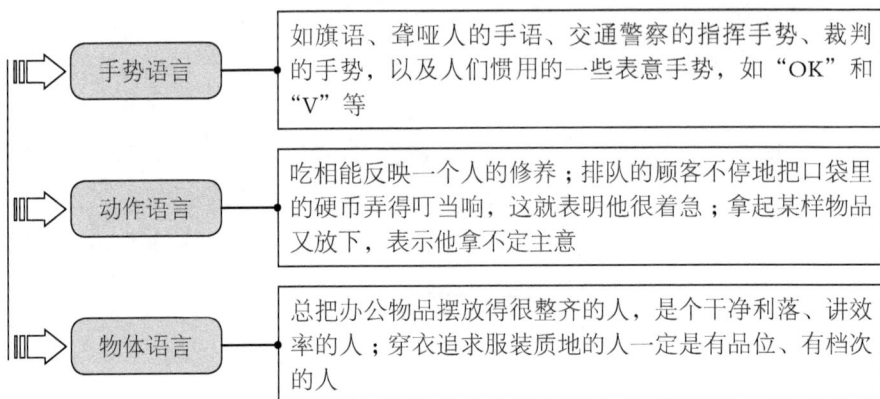

手势语言	如旗语、聋哑人的手语、交通警察的指挥手势、裁判的手势，以及人们惯用的一些表意手势，如"OK"和"V"等
动作语言	吃相能反映一个人的修养；排队的顾客不停地把口袋里的硬币弄得叮当响，这就表明他很着急；拿起某样物品又放下，表示他拿不定主意
物体语言	总把办公物品摆放得很整齐的人，是个干净利落、讲效率的人；穿衣追求服装质地的人一定是有品位、有档次的人

图 3-7　非语言沟通的方式

（4）电子媒介沟通

电子媒介沟通包括电子邮件沟通、电话沟通、双向视频沟通、微信群沟通等。

3.2　物业服务有效沟通的形式

3.2.1　面对面沟通

面对面沟通是日常物业管理中最常用的沟通方式，物业服务人员和业主都能够集中精力沟通问题，不受其他因素的影响，容易把问题讲清楚，同时物业服务人员可以通过业主的表情、动作、语言、语气等得到更多的信息。例如，业主到物业客户中心提出诉求，物业服务人员应礼貌接待，虚心听取业主的意见与建议。对于业主的误解，物业服务人员应进行必要的解释，并耐心地答复。对于业主的询问，不能当场解决的，应给予说明，做到事事有回应、件件有落实。通过面对面的沟通，能够拉近物业服务人员与业主的关系，使双方建立一种融洽的关系。

3.2.2　电话沟通

电话沟通是物业服务过程中不可缺少的沟通方式，特别是当遇到紧急事件需要与业主联系时，电话沟通就是最方便快捷的途径。例如，当业主家的入户维修结束后，物业管理处进行满意度调查时，通常会通过电话进行跟踪回访确认；再如当物业工作人员巡视时发现业主家水管漏水，但业主又不在家，为了避免业主家的损失，就会用电话进行联系。

3.2.3　利用群发短信的方式传递信息

用群发短信的方式将信息传递给业主，包括与业主家居生活息息相关的问题（如停水、停电、小区除虫喷药等）、温馨提示、小区大型活动通知、节日问候、最新的物业政策法规等，以此来体现物业公司的人性化服务理念。

3.2.4　设立服务热线和意见箱

设立服务热线是听取业主意见、加强沟通最直接、最有效的方法之一。物业服务中心应有专人负责接听电话并按投诉来访的程度进行记录。同时，为了提高物业管理的服务质量和水平，让业主更多地参与管理工作，也为了收集到对管理工作更多、更具体的意见，物业服务中心应在小区显著位置设立意见信箱，分门别类按照轻重缓急进行解决。

3.2.5　召开座谈会、联谊会

为了征求业主对服务管理工作的意见，物业服务中心可定期召开业主专题座谈会、举办各种形式的联谊活动，了解广大业主对物业服务的需求。

3.2.6　利用网络进行沟通

随着计算机和网络的普及，物业服务中心与业主的沟通已经不仅仅局限于一定的空间和时间。

物业服务中心可以在网站上开设多个专栏，或组建业主论坛（如图 3-8 所示），对于论坛上的问题，由专职人员在得到公司领导批准后进行回复，对于业主提出的好的建议立即落实，对业主的一些误解或疑问给予正确的解答。

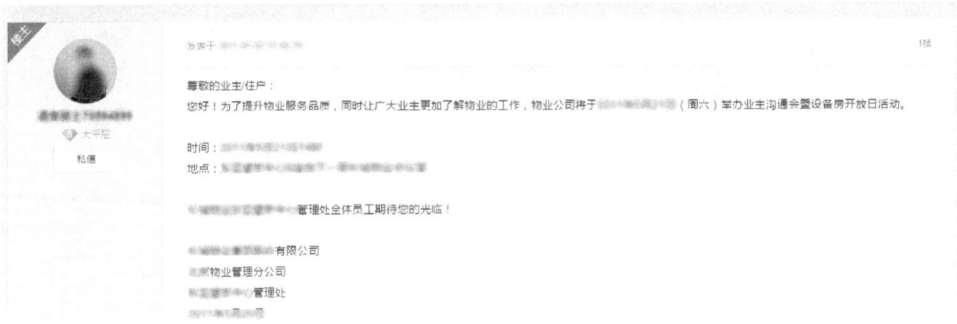

图 3-8　在业主论坛上发的通知

3.3　物业管理实践中的沟通技巧

在管理实践中,物业管家会遇到各种突发情况,面对不同的情况要使用不同的沟通技巧。图 3-9 所列就是行之有效的物业管理实践中的沟通技巧。

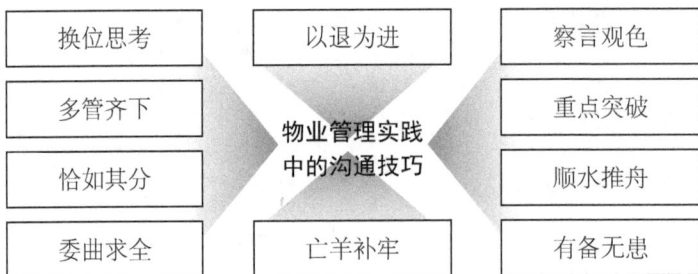

图 3-9　物业管理实践中的沟通技巧

3.3.1　换位思考

换位思考是指人对人的一种心理体验过程,将心比心、设身处地地为他人着想,这是实现良好沟通不可缺少的心理机制。它从客观上要求我们将自己的内心世界,如情感体验、思维方式等与对方联系起来,站在对方的立场上体验和思考问题,从而与对方在情感上进行沟通，为增进理解奠定基础。

在物业管理实践中，换位思考是化解矛盾冲突时最常用的沟通技巧。物业管家和业主发生矛盾时，物业管家要换位思考，站在业主的角度去考虑问题，并且引导业主体谅物业管家的难处，从而有效解决问题。

【实例】

某中档小区，开发商为保持楼盘外观的美观，曾与物业公司签约规定，任何人不得封闭阳台。但开发商与业主的销售合同书上并未明确此条款，因此当业主想封闭阳台遭拒时，迁怒于物业公司，许多业主联合起来拒交物业服务费。物业公司并没有采取与业主对立的做法，而是从业主的角度考虑，尽可能地了解业主行为的动机。

通过多次实地调查研究，他们发现由于该城市的风沙较大，不封闭阳台的确会给业主的生活和安全造成不便与隐患。但开发商认为封闭阳台会影响外墙的美观。物业公司经过再三斟酌，认为应该从实际出发，以人为本，要将业主的安居环境作为首要因素来考虑。通过与开发商的反复协商，最终达成共识：阳台可以封，但要统一规格、材料等，既满足业主的要求，又不影响外墙的美观。业主也认识到物业公司当初禁止封闭阳台，是与开发商的约定，是从维护小区整体外观的角度去考虑的，也是为了广大业主的利益。经过换位思考后，双方消除误会，握手言欢。

3.3.2　多管齐下

多管齐下是指单凭一己之力很难解决问题，若汇聚各方力量、多人之力，问题就会迎刃而解。俗话说："一个好汉三个帮。"有时光靠物业管家的努力，并不能解决业主的问题，需要借助社区、业委会、政府主管部门等第三方力量。相对于物业管家和业主，第三方没有利益冲突，所以更容易客观地看待事情，从中立的角度分析双方的过错得失，有利于公平、公正地解决问题。

在实际沟通过程中，多管齐下不仅指借助第三方力量，还指灵活运用其他力量，如业主家中明事理的家人、与业主相熟的其他物业管家等。

【实例】

> 某物业管家小王接到业主投诉，称他所在的居民楼，有人在楼梯拐角处放煤炉烧水，污染空气，也影响过往通行。小王找煤炉的主人李先生核实情况，请他遵守《业主公约》，不要为了自己方便，将煤炉这样的私人物品放在公共区域里。李先生丝毫不理睬小王的话，还是将煤炉放在老地方，于是小王接连去了李先生家三次，苦口婆心地请李先生尊重相邻业主的权益，可李先生非常固执，执意要将煤炉放在那里。于是小王想到请与李先生有交情的保洁员小胡出面，和李先生沟通，劝他把煤炉拎回家。小王又请李先生的母亲帮忙做他的思想工作，李先生是孝子，又讲兄弟义气，经过多方努力，问题最终得以解决。

3.3.3　恰如其分

恰如其分是指办事或说话有分寸。只有对分寸拿捏得当，才能化解潜在的危机，妥善处理各种突发事件。物业管理实践中的人际沟通是一门复杂的艺术，人与人之间的交往有利益的驱动，更有情感的联系。物业管家与业主建立深厚的感情，业主信任物业管家，物业管家关心业主，但并不意味着可以不讲原则，有时还必须做到公私分明，否则就会打破管理的秩序，影响管理的效率。

【实例】

> 业主张先生与物业管家一向关系很好，物业公司搞活动需要帮助时，他都出了很多力。但当他提出想在家中饲养一条大蟒蛇作为宠物时，物业管家坚决反对，因为《业主公约》里有明确的规定，业主不能在家中饲养一些有危险性的动物。若张先生家中有蟒蛇，哪天忘记关门，蟒蛇出来就会给其他业主带来很大的威胁。张先生认为物业管家太不够意思了，物业管家向他说明情况，并表示如果不违反规定，张先生有任何困难，物业管家都会给予最热忱的帮助。张先生最终理解了物业管家的做法。人情归人情，原则性的问题不能通融，不能模糊了界限，要做到恰如其分。

3.3.4　委曲求全

委曲求全是指为了求全，忍受一时的委屈。全即全部、即整体、即大局。委曲即勉强、即忍让、即迁就。老子说过"曲则全"，就是后退、谦让，退一步海阔天空的意思。物业管家提供服务，与业主低头不见抬头见，如果一点委屈都不能承受，就会与业主关系搞僵，不利于企业的长期发展。物业管家在为业主排忧解难时，有时会遇到有苦难言的情况，为了企业的形象，为了良好的口碑，应该掌握委曲求全的沟通技巧，以一己的忍让换得业主的满意。

【实例】

> 某业主因为家中淋浴器出水量太小，就请物业维修人员上门察看是否是水管有问题。维修人员一时查不出原因，业主打开淋浴器，浇了维修人员一身的水。维修人员一声不响地重新检查淋浴器，发现了问题的症结：业主的淋浴器使用时间过长，锈渍堵塞了出水孔。维修人员为业主解决问题后，全身湿淋淋地离开了业主家。他虽然心里很委屈，但选择了冷静克制。如果当时维修人员受不了气，与业主激烈争吵，或是收拾工具不修了，势必会引起与业主更大的矛盾，使业主对物业管家产生敌对心理。

3.3.5　以退为进

以退为进是指以暂时的退让，换取更大的进展。有时针锋相对，并不是解决冲突的最好办法，适度的退让反而有利于沟通。运用"以退为进"的沟通技巧，可以表现出物业管家处理问题的智慧、耐心和信心。

【实例】

> 某高层住宅发生电梯故障，物业公司领导立即赶到现场，按照事先制定的紧急预案组织有关人员进行抢修。经过 50 分钟的紧急处置，电梯故障得以排除。当被困的 3 位业主走出电梯时，物业公司领导向他们解释电梯故障发生原因，并真诚地道歉，安抚他们的情绪。业主们却不领情，破口大骂，认为物业失职，还要向媒体投诉。这时无论物业公司领导说什么，业主都听不进去，如

果此时强作沟通，反而会激起业主更大的反感。物业公司领导决定先作冷处理等到第二天再向业主致歉。第二天领导派人送了水果篮给3位业主，并以卡片的形式向业主说明物业管家日常对电梯的维护保养工作是到位的，电梯故障是突发情况，让业主受惊，表示歉意，此刻业主已经消气了，也认为自己当时太冲动，口不择言。双方冰释前嫌，关系比以前更加融洽了。

3.3.6 亡羊补牢

物业管理实践中经常会遇到车辆被盗、业主财产受损、业主受到伤害等问题，即使物业管理工作做得再好，也不能完全避免这些问题的发生。当风险发生时，唯有吸取教训，把不足的地方补全，把导致隐患的部分修正，更严格地要求自己，工作做得更加细致认真，才能降低风险，让公司在挫折中不断成长。

【实例】

某小区有幢楼中的4户业主在白天被小偷撬了门锁，因防盗门较结实，小偷没能撬开大门，因此没有发生实质性的偷盗行为。虽然业主家中财产并未受损，但物业公司认识到了安保工作有漏洞，由物业主管向这4户业主道歉，表示以后要增加小区、楼道巡逻次数，完善小区进入人员登记制度，让业主居住更安全。这幢楼附近，开发商当初并未设置红外探头，属监控死角。这幢楼靠近小区西边的围墙，围墙上有个缺口，物业公司一直想把缺口修补起来，但由于围墙外有个菜场，有些居民为了买菜方便，强烈反对物业公司修补围墙。物业公司立即联系开发商，协调补装了探头，又联系业委会，商讨修补围墙一事，缺口虽然方便了居民买菜，但不利于小区封闭管理，为秩序维护、安全管理带来了隐患。物业公司向业主们分析利弊，小偷白天撬了4户业主的门，如此猖狂，到底是买菜方便重要，还是安全重要？业主们认识到了安全第一，也被物业公司"亡羊补牢"的精神感动，增进了信任，以后更配合物业公司的工作了。

3.3.7 察言观色

有数据表明，人们在沟通时，有7%的效果来自口头语言，38%取决于肢体语言(如面部表情、身体姿势等)。所以,在解读业主心意时,重要的不只是他说了什么,更重要的是他怎么说,有着怎样的面部表情及体态表现。这就是察言观色。物业管家要通过察言观色,了解业主的所思所想,实现最有效的沟通。

【实例】

　　某业主怒气冲冲地来到物业管理处投诉,说她的亲戚来看她,却被小区秩序维护员拦在小区外面。物业接待人员了解事情原委后得知,原来是该业主的亲戚没有携带有效身份证件,秩序维护员虽知道他是业主的亲戚,但出于安全考虑,没有放行,引起了业主的强烈不满。接待人员发现业主的性子比较急,容不得别人插话。这时若直接用语言和她沟通,很可能会与她发生争论,未必有好的效果,于是接待人员请她坐下来,倒茶给她喝,耐心地听她把话说完,看她的表情渐渐平静下来,身体开始放松,再与她分析情况,表明态度。接待人员表示接受批评,并向她和她的亲戚表示歉意,承认秩序维护员工作没做到位,缺乏灵活性,给业主的生活带来了不便,并表示会向领导反映她的意见,在以后的工作中加以改进。

　　接待人员正是通过察言观色,判断出业主的性格特征,恰当地处理了问题。当业主面色和缓,与之前的神态判若两人时,接待人员再进一步向她解释秩序维护员之所以这样做,也是为了保证小区内业主和住户的人身及财产安全,物业管理处制定了控制外来闲杂人员出入的规定,对外来人员严格执行检查有效证件及登记的制度。秩序维护员按章办事,但灵活性不够,业主刚才反应有点过激,不能一味地批评秩序维护员,也应该理解秩序维护员的做法。业主感受到了接待人员的诚恳,并认可了接待人员的处理方式。

3.3.8　重点突破

　　重点突破,也就是集中精力,突破"关键的少数",发挥"以点带面"的作用。在物业实践中,很多物业公司最头疼的就是"收费难"的问题。诚然,有的物业公司缺乏服务意识而导致业主抱怨从而拒交物业管理费,但交纳物业管理费是业主的义务,业主可以通过向政府主管部门反映,通过法律途径解决问题。

　　面对业主中的"欠费大户",物业公司要重点突破,一旦收到成效,必然会对其他欠费的业主产生警示作用。

【实例】

> 某物业公司自接手管理一处写字楼以来，工作勤勉，对业主负责，也采取了多种措施催缴物业管理费，但业主欠费累计高达数百万元。为了保障自己的合法权益，加大清欠工作的力度，物业公司对几个欠费大户提起诉讼，最后法院判决物业公司胜诉，依法收取欠费大户拖欠的物业管理费。诉讼结果被公示以后，对其他欠费业主产生了很大的触动，物业公司再去收缴欠费就容易多了。

受到时间成本、经济成本等的制约，物业公司没有向所有欠费业主提起诉讼，而是选择其中的欠费大户重点突破，最终收到了很好的效果。

3.3.9　顺水推舟

顺水推舟比喻顺着某个趋势或某种方向说话办事。有时物业管家要顺应业主的思路行事，于业主方便就是于己方便，让业主心里舒服，自己心里也舒服，冲突就会迎刃而解。当然，若是业主违反了有关法律法规，犯了原则性错误，物业管家就不能顺水推舟了。

这里要强调的是，顺水推舟并不是指一味以业主的意愿行事，而是在顺应业主情感脉络和思维轨迹的大方向上，做出一些变通，促进矛盾化解。

【实例】

> 某小区业主投诉他家楼上有人养鸡，每天天不亮鸡就打鸣，严重影响了家人的休息，要求物业管家马上处理这个问题。经过调查发现，楼上业主是一对新婚夫妇，其家乡有在新婚期间养鸡报喜的风俗，所以才在家中养了一只大公鸡，而且按照惯例，至少要养一个月。物业管家了解情况后，上门与这对新婚夫妇沟通，先是恭贺新禧，再聊各地新婚习俗，把话题引到公鸡报喜上，不知不觉拉近了与业主的距离。最后物业管家点明来意，楼下业主投诉楼里养鸡，一方面要尊重各地习俗，另一方面城市住宅楼里养鸡，的确会影响邻居的生活，建议这对新婚夫妇将公鸡放养到郊区，让它为更多的人报喜。这样，既顺应了

新婚夫妇公鸡报喜的思路，又解决了公鸡扰民的问题，楼上楼下业主都满意了，物业管家以后的工作就更好开展了。

3.3.10　有备无患

有备无患是指做任何事情都应该事先做好准备，以免临时手忙脚乱。物业管家经常会遇到突发事件，如果事先不做好充足准备，一旦出现问题就会惊慌失措，处于被动局面，给业主留下办事能力低下的印象。

3.4　与业主的有效沟通

现实生活中，物业公司与业主之间的矛盾不仅会影响到企业的运行，也会影响到企业预定目标的实现，因此运用合理的方式和技巧化解矛盾，成了物业管理工作的重中之重。沟通是把信息、思想和情感在个人或群体中传递并且达成协议的过程，它是拉近双方距离、促进交流、形成共识的最常见、最有效的手段。

3.4.1　业主的分类

业主是物业公司的服务对象，是物业服务的最终消费者。要想更好地与业主沟通，物业管家必须充分了解业主。按业主对物业公司的态度，业主可分为三类，如图 3-10 所示。

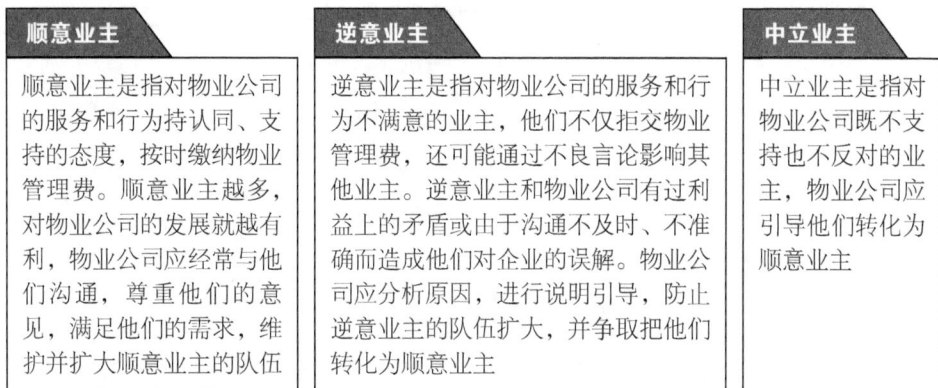

顺意业主	逆意业主	中立业主
顺意业主是指对物业公司的服务和行为持认同、支持的态度，按时缴纳物业管理费。顺意业主越多，对物业公司的发展就越有利，物业公司应经常与他们沟通，尊重他们的意见，满足他们的需求，维护并扩大顺意业主的队伍	逆意业主是指对物业公司的服务和行为不满意的业主，他们不仅拒交物业管理费，还可能通过不良言论影响其他业主。逆意业主和物业公司有过利益上的矛盾或由于沟通不及时、不准确而造成他们对企业的误解。物业公司应分析原因，进行说明引导，防止逆意业主的队伍扩大，并争取把他们转化为顺意业主	中立业主是指对物业公司既不支持也不反对的业主，物业公司应引导他们转化为顺意业主

图 3-10　业主的分类

3.4.2 与业主沟通的高效习惯

3.4.2.1 主动积极是与业主沟通的关键

在为业主提供服务的过程中，很多物业管家都知道主动积极的重要性，但是真正能理解并做到的不多。因为，主动积极不仅是物业管家主动跟业主见面打一次招呼、帮业主提一次东西、节日时打一个问候电话这些简单的行为，它是一种持之以恒的行为习惯。

要想养成主动积极的习惯，物业管家就要待人以诚、信守承诺，在与业主沟通时，先考虑他们的思维、语言和价值观，再构思你的表达方式和意见。

同时，物业管家要做到体谅业主、尊重业主、关心业主。例如，当一场暴雨即将来临时，物业管家走出服务中心，去每一栋楼下转一圈，看看有没有业主家未关好窗户，然后打一个电话提醒业主关窗，这就是关心业主。可见，要想与业主进行高效沟通，就要学会关爱业主，让业主能够感觉到物业管家对他们的爱。

3.4.2.2 双赢沟通思维

相信很多人都玩过"扳手腕"的游戏，如果只有一份奖品，就会出现"赢"或"输"两种情况，即一方得到奖品，另一方得不到奖品；如果奖品有很多，甚至是无限多，那么双方就会达成共识，即你赢一次、我输一次，然后我赢一次、你输一次，最后的结果是双方获得的奖品一样多。

物业管家和业主同处一个小区，基于物业合同成为服务和被服务的关系。目前，常见的物业公司、物业管家与业主的矛盾，如收费矛盾、停车矛盾、装修管理矛盾等，已成为物业管家有效开展物业管理，与业主建立良好关系的一道屏障。

因此，物业管家要想与业主有效沟通，建立良好的关系，就应该养成"双赢沟通"的思维习惯。"双赢沟通"思维的前提就是要尊重业主的利益，首先，要把物业与业主之间的利益放在一个很大的空间去考虑，而不只看到眼前的、短暂的利益；其次，还要培养"同理心"，"同理心"就是物业管家在与业主沟通时，要站在业主的立场，先考虑业主的想法、要求及利益，体会业主的感受；最后，物业管家还要保持开放诚实的心态、敏锐的触觉，这样可以与业主建立相互信赖的关系，在处理事件时找到解决问题的办法，实现双赢的结果。

3.4.2.3 知彼解己

知彼解己如同医生给病人看病，需要先诊断，然后才能开药方。假如一个病人去看眼科医生，对眼科医生说："我的眼睛不舒服，看不清。"而医生把他的眼镜摘下来对病人说："你戴上我的眼镜。"病人戴上眼镜后，对医生说："我什么也看不清。"而医生说："不可能，我戴上这副眼镜可以看得很清楚。"接下来，可以想象，两人的争吵会越来越激烈。这种现象和业主向物业管家投诉物业做得不好，双方各执一词是一样的情况。

物业管家要养成"知彼解己"的习惯，"知彼"的一个重要原则就是用"同理心"与业主沟通，也就是站在业主的立场思考、聆听、表达、回复业主的观点及反映的问题，让业主感觉到你在了解他。物业管家也要运用"同理心"与业主沟通，首先是注意复述业主讲话的内容，而不是感受；其次是用自己的话总结业主讲话的主要内容，并让业主明白，你已了解他要表达的意思；再次是深入了解并观察业主的肢体语言等，站在业主的角度，向业主表达感受。

"知彼"之后就是"解己"。物业管家要运用"同理心"与业主沟通，在了解业主的过程中与业主建立信任的关系。在业主信任物业管家的基础上，业主也会运用"同理心"来理解我们提出的意见、建立和方法。

"知彼解己"是一种双赢的沟通方式，是双赢沟通思维的一个重要内涵，因此，物业管家养成知彼解己的沟通习惯，有利于在物业管理工作中处理与业主的关系和矛盾，并得到双赢的结果。

3.4.2.4　集思广益

集思广益是指集中群众的智慧，广泛吸收有益的意见。其核心作用是确保整体的效益大于个体部分的总和，即实现"1+1 > 2"的效果。其基本原则就是重视个体的差异。尊重个体差异，就要敢于承认自己的不足，虚心接受别人的知识和见解。物业管家面对的业主可能来自大江南北、五湖四海，由于地域、风俗、思想及生活习惯的不同，业主的差异非常大，这正切合集思广益的原则。

物业管理有一定的公共性，在日常工作中，物业管家须处理物业公司与业主、物业公司与开发商、业主与开发商、业主与业主、物业公司与政府部门的关系和矛盾。特别是物业公司与业主、业主与业主之间就物业服务、楼宇质量和业主生活产生的矛盾最为突出，如物业公司对业主的装修管理、上下楼层的漏水、业主养狗、占用公共区域和乱停车等，这些都是业主投诉的焦点，也是社会关注的热点。

大多数物业管家处理这些问题时，都会采取"以己度人"的方式，站在物业公司的立场、依靠物业管家的经验处理。虽然物业管家也会召开业主沟通会，但大多数会流于形式，没有考虑业主真正的想法和建议，最后的处理结果往往是"事倍功半"，无法让业主满意。业主也就有了不交物业服务费的理由，恶性循环就此而生。

所以，物业管家在处理上述矛盾时，可采用"双赢的思维"和"知彼解己"的方法多与业主沟通，尊重业主的个体差异，让业主参与小区物业管理活动，广泛征询业主的意见，接受业主提出的改善建议，让业主感受到物业管家对其的尊重，也让业主切身感受到物业管理的困难，业主的参与和努力会给小区带来显著的改变。通过物业管家与业主之间集思广益的方式，可以促进物业管家与业主建立起共同维护小区的目标，把小区管理得更好。物业管家和业主、业主与业主之间的大多数矛盾就会迎刃而解。

上述四个与业主沟通的高效习惯，"主动积极"是基础，其他三项是具体内容。在日常的物业管理服务过程中，物业管家要时刻保持"主动积极"的心态，灵活运用"双赢的思维""知彼解己"和"集思广益"的方法，妥善解决困难、处理矛盾。

3.4.3 与业主沟通的基本技巧

为取得良好的沟通效果，物业管家应掌握如下八个沟通的基本技巧。

3.4.3.1 记住业主的姓名

物业管家要记住业主的名字。见到业主时，礼貌地叫出对方的姓名会使对方感到非常愉快。

3.4.3.2 尊重对方的习惯

在与业主沟通的过程中，物业管家要尊重对方的习惯，了解不同国家、民族、地区以及宗教的基本常识。

【实例】

一位年近六旬的外国女士来到管理处，小李礼貌地招呼她"太太，您请坐。"不料，老太太的脸色顿时显得很不愉快，也不入座。小李不知所措，只得再次说："太太，您请坐。"这下，那位女士要小李赶紧找经理。这位女士见到经理后很直率地说："经理，请您以后要加强下属员工礼仪用语方面的培训，与女性谈话，要有礼貌，要称小姐。"

3.4.3.3 注意语言的表达方式

熟练运用语言技巧，可以帮助物业管家与业主充分沟通信息，协调物业公司与业主的关系，并树立企业的良好形象。

【实例】

维修工小胡接到报修空调的电话后立刻赶到业主家，只拨动了几下空调开关，空调就吹出了冷气。小胡便告诉业主："先生，这空调没坏，可能是您使用不当。""什么？没坏，我使用不当？"业主听了小胡的话后很不高兴。小胡顿时发觉自己刚才的话说得不妥，可能伤害了业主的自尊心。他冷静下来马上改口说："哦，我再仔细检查一下。"一面说，一面赶紧拿起工具，打开空调机盖，这里拧一下，那里拨一拨，四五分钟后，小胡盖上机盖说："先生，这空调刚才确实是有点毛病，但毛病不大，现在修好了。""这就对了，没坏我怎么可能找你们来维修呢？谢谢您啦。"业主马上转变了态度，非常客气地将小胡送出了门。

两种说法导致两种结果，前一种说法伤害了业主的自尊心，后一种说法则比较含蓄，顿时化解了业主的不满情绪。由此可见，注意语言技巧，能够取得不一样的沟通效果。

3.4.3.4 微笑服务

物业管家必须随时展现亲切自然的微笑，让微笑去感染每一个业主。

3.4.3.5 运用情感沟通

一流的物业公司必须有一流的管理，而一流的管理离不开物业公司和业主之间的情感沟通。物业公司通过有意识的情感沟通工作，切实了解和掌握业主的真情实感、所思所虑，营造积极、正向的沟通氛围。

【实例】

李小姐是某楼盘入住以来第一个办婚事的业主。物业公司得知这一喜讯后，安排清洁员工把小区平台打扫得干干净净，铺上洗刷一新的红地毯；绿化工新添了一些漂亮的盆花；物业管家购买了花篮和贺卡，代表公司将美好的祝福带给这一对新人。新人及其父母激动地说："真没想到，你们真有人情味，住在这里感到很亲切。"

物业公司要积极组织各项有意义的活动，把尽可能多的关怀带给业主，给业主一种踏实、亲切之感，也为今后公司开展各项物业工作打下了良好的基础。

3.4.3.6　不要轻易向业主许诺

物业管家与业主谈话时，对方提出的要求，如属于马上可办到的，物业管家可以当场许诺；需要研究的应说明情况，以后再作答复；对根本办不到的原则性问题，要明确拒绝，并说明理由，请对方谅解。轻易许诺对方，虽然会赢得对方的暂时欢心，但无法兑现只会损害物业公司的形象。

【实例】

一天，某物业管家接到报告：某楼业主不想在指定位置安装空调，空调公司的人员也在不停地挑唆，更加重了业主对物业公司的不满。了解情况后，管家向业主耐心解释：物业公司要求业主在指定位置安装空调、管线不能外露，是为了保证小区的外观统一美观，如果各行其是乱安装空调，那么小区的外立面就会杂乱不堪。听完物业管家入情入理的话，业主不再硬性坚持。管家又悄悄将空调公司的工作人员叫到一边，告诫说："你应当知道公司的管理规定，如果执行不力违规行事，后果自负。"空调公司人员马上声明要按照物业公司的规定打孔，并配合物业公司说服业主。最终，业主同意在规定位置安装空调。

该案例中物业管家利用人与人之间的相互牵制进行沟通并协调关系，最终达到了预想的目标。

3.4.3.7　全面了解业主

物业管家应全面了解业主的文化程度、职业、年龄、爱好等基本情况，因为这些可能成为协调的突破口。

【实例】

> 　　林先生搬进某单元不久，发现客厅和卧室的地板渐渐鼓起，心中不满，要求物业公司马上解决。物业管家立即上门查看地板鼓起原因，初步认定系外墙渗水所致。因为鼓起面积较大，要维修必须全面搬走家具，这势必给林先生一家增添很大的麻烦。若直接与业主谈论此事，十有八九会被拒绝。这时与林先生比较熟的物业管家建议：林先生爱好养花养草，公司不妨先送上一盆花联络双方感情，再谈维修之事。于是，物业公司特意从花店购来一盆花并送至林先生家中，林先生大感意外。物业管家真诚地向林先生表示了歉意，并说明如要维修地板，就要把家具搬出，便会麻烦林先生，公司感到非常不安。林先生听完连连摆手说："不能全怪你们，如果我早一点把地板鼓起的事告诉你们，也不至于到现在的程度，还劳驾你们特意送花，真是受之有愧。"最终，物业公司和开发商提出一系列方案，帮助林先生妥善解决了这一问题。

3.4.3.8　不失时机，因势利导

　　因势利导就是顺着事物的发展趋势加以引导。在与业主进行协调时，物业管家首先要认识、掌握业主心理发展变化之"势"，然后根据客观之"势"加以引导。

【实例】

> 　　某大厦由于设计的需要，各单元内污水管的检修孔都设置在楼下单元的卫生间顶部，因此所有单元内卫生间的顶部都不能全部封闭。某单元业主在装修时，坚持自己的审美观念，执意要将卫生间的顶部全部封闭起来。为此，物业管家登门向业主说明：排污管道及检修设备属公共所有，根据有关规定物业使用人在使用物业中不能占有、损坏住宅的公用部位，并向业主直接出示了《物业管理条例》中的有关条款内容，业主看后，开始有所缓和。物业管家看在眼里，赶紧趁机说："按大楼的原来设计，要求在每户单元内吊顶上留下检修孔，你家污水的排污管检修口也放在楼下业主室内。他们家在装修时也曾提出同样的问题，但最终还是服从大局，留下了一个可以开启的活口，您可以参考一下他们的做法。"业主一下子来了兴趣，看到楼下单元的处理方案，虽并不完美，但也不会影响整体效果，业主紧绷的脸终于放松了。

　　物业管家根据国家的有关规定，提出假设并因势利导，让业主真正认识到了问题的严重性，最后做出了理智决断。

　　当物业公司由于信息传播不流畅或企业的工作失误，企业行为、政策等尚未被业主认识、理解等原因导致物业公司与业主失和时，或业主对物业公司产生不理解、不信任、不合作，甚至持反对、敌视等态度时，物业管家应运用原则和技巧促进物业公司与业主的双向交流，建立起物业公司与业主的共同认识。

学习思考

1. 请描述沟通的过程。

2. 沟通有哪四个因素？

3. 沟通有哪些分类，其要点是什么？

4. 物业服务中有效沟通的形式有哪些？

5. 物业管理实践中有哪十大沟通技巧？

6. 从沟通层面而言，业主可以分成哪几类？

7. 应该养成哪几项与业主沟通的高效习惯？

8. 与业主沟通的基本技巧有哪些？

学习笔记

第四章 管家一站式服务

▶ **学习目标**

1. 能描述管家一站式服务信息处理网络及各项业务的操作要求。

2. 能概括说明入住服务的准备工作事项、办理集中入住的环节、零散入住服务应注意的事项，能实施入住手续办理、处理集中入住和零散入住中的各样问题。

3. 能说明迁入迁出服务的流程，能够妥善办理迁入迁出的各项业务。

4. 能说明装修手续办理的流程、装修方案的内容，能高效地为业主办理装修审批手续。

5. 能说明业主日常报修的范畴，能够按照维修服务接待要求接待业主的报修。

6. 能说明业主可能需要办理的各种手续，能够帮助业主办理各项手续。

导读 >>>

　　管家一站式服务即客户的所有问题，如入住、装修、问询、报修、投诉、缴费及其他服务需求等，物业管家都要及时给予答复与解决。在服务过程中注重对客户需求的挖掘、分析与满足，以此为主线，贯穿对客服务的全过程。

4.1　管家一站式服务信息处理

4.1.1　管家一站式服务信息处理网络

管家一站式服务信息处理网络如图 4-1 所示。

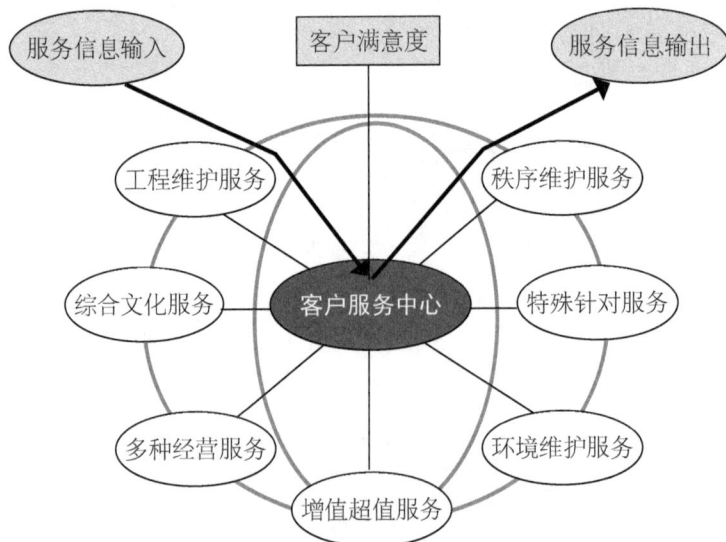

図 4-1　管家一站式服务信息处理网络图

4.1.2　管家（客户）服务信息处理流程说明

管家（客户）服务信息处理流程说明如图 4-2 所示。

信息输入

信息输出

服务信息处理中心

职能： 确保服务信息传输顺畅，对服务信息进行收集、处理、反馈、跟踪、验证、分析、评审等

职责：（1）物业管家主管负责项目服务信息的输入、记录、跟踪、传达、回访和汇总等管理；（2）物业管家负责责任区域服务信息的收集与验证、信息的输出及终止等；（3）各部门负责制订每月信息输出计划，客户服务部负责提出临时性信息输出需求，所有输出信息与输入工作对客户服务部负责；（4）客户服务部负责组织对每周信息进行系统性分析，形成周信息分析报告；（5）项目总经理负责组织对输出信息效应、输入信息的增减及处理结果进行评审

要求：（1）在正常的工作时间内，客户服务部负责接听、受理所有输入信息，节假日由客服值班人员接听，夜间须向监控中心移交，由监控中心值班人员负责接听、受理所有信息；（2）监控中心与客服值班人员相互配合，客服值班人员应在电话铃响三声内接听，若特殊原因无法接听时，监控中心在听到第四次响铃时必须接听；（3）项目所有信息的输入均使用"服务信息记录表"，填写的信息随受理人及受理地点发生变化而变更，物业管家将责任区域服务信息记录在"客服事务记录表"上，工作时间内"客服事务记录表"由物业管家管理

输入信息管理：（1）输入信息范围界定：园区所有业主（住户）报修（返修）、投诉（建议）及装修、物品出入、入伙、过户等综合信息，以及项目内部员工提供的信息；（2）输入信息渠道：信息中心专人专岗负责信息输入，设置 24 小时专线电话受理所有电话输入信息；（3）输入信息类别：项目输入信息分为上门维修服务信息、返修信息、投诉处理信息、综合信息四类

上门维修服务信息处理：（1）物业管家接收上门服务信息后填写"服务信息记录表"和"派工单"，通知工程部；（2）工程经理指派维修人员到客户服务部前台领取"派工单"；（3）物业管家主管收到上门维修服务信息后填写"客服事务记录表"；（4）不能即时处理的问题，维修人员即时通知工程经理；（5）工程经理处理完毕需将处理结果及时反馈给客户服务部前台，对无法处理的疑难问题，工程经理须在"疑难问题（立项）处理意见表"中写明原因和相关建议，提交客户服务部经理或项目经理；（6）物业管家主管负责对不能及时处理、无法处理的疑难问题进行跟踪直至该问题解决

图 4-2　管家（客户）服务信息处理流程

73

投诉信息处理：（1）客户服务部接到业主投诉后填写"服务信息记录表"和"业主（住户）投诉处理单"，通知该业主的物业管家；（2）物业管家将无法处理的疑难问题，上报项目经理处理，项目经理无法处理的问题须填写"疑难问题（立项）处理意见表"上报项目总经理处理；（3）物业管家对投诉处理的状态进行跟踪，直至该投诉关闭

返修信息处理：（1）客户服务部接到业主返修信息后填写"服务信息记录表"和"返修记录表"，通知工程经理；（2）工程经理或委派专业人员及时赶到现场确定维修责任、维修时间、业主意见，将情况反馈给信息中心；（3）工程专业人员对责任界定不清、施工单位互相推诿等疑难问题报客户服务部经理处理；（4）物业管家对返修处理状态进行跟踪，直至该问题关闭

综合信息处理：（1）综合信息是指除业主报修（返修）、投诉以外的所有涉及项目服务工作的信息，如装修、物品出入等；（2）客户服务部在业主办理完装修手续后，分别通知装修监管责任人、安全管理部负责人和物业管家，安全管理部负责人需将该信息传达至小区门岗、巡逻岗，①物业管家将装修信息告知相邻业主，填写"客服事务记录表"，②各装修监管责任人将装修巡查发现的问题及时传达给客户服务部，物业管家通知相关责任人进行整改，客服主管负责验证，直至该问题处理完毕并反馈客户服务部；（3）客户服务部受理业主搬家申报后，核实费用缴纳情况，并在办理完结相关手续后，通知安全管理部负责人，安全管理部负责人在处理完毕后即时向客户服务部反馈；（4）客服主管受理业主或项目人员提供的公共区域信息，填写"服务信息记录表"，通知相关责任人处理，同时通知物业管家验证、反馈并记录；（5）项目内部人员需要其他部门协助的工作，由需方向客户服务部提供协助信息，客户服务部记录在"内部信息记录表"上，并派人负责传达、跟踪、反馈

信息回访：物业管家在某信息处理完毕并收回"派工单""返修记录表""业主（住户）服务信息表"后，于当天下班之前进行电话回访；非上班时间处理的信息，物业管家要在第二个工作日完成回访。回访率应达到100%

输出信息管理：（1）输出信息范围界定：项目所有须告知业主的服务信息，包括但不限于消杀服务通知、设备设施维保计划、大型工程改造计划、项目服务管理工作动态、费用收支信息、温馨提示、宣传栏、业务合作单位以及公司和政府部门的通知；（2）输出信息分计划性输出信息和临时性输出信息两类，①计划性输出信息即消杀服务、设备设施维护、宣传栏出版、费用收支公示、大型改造工程等可预知信息，②临时性输出信息即公司和政府部门的通知、发送的函件等临时性突发信息

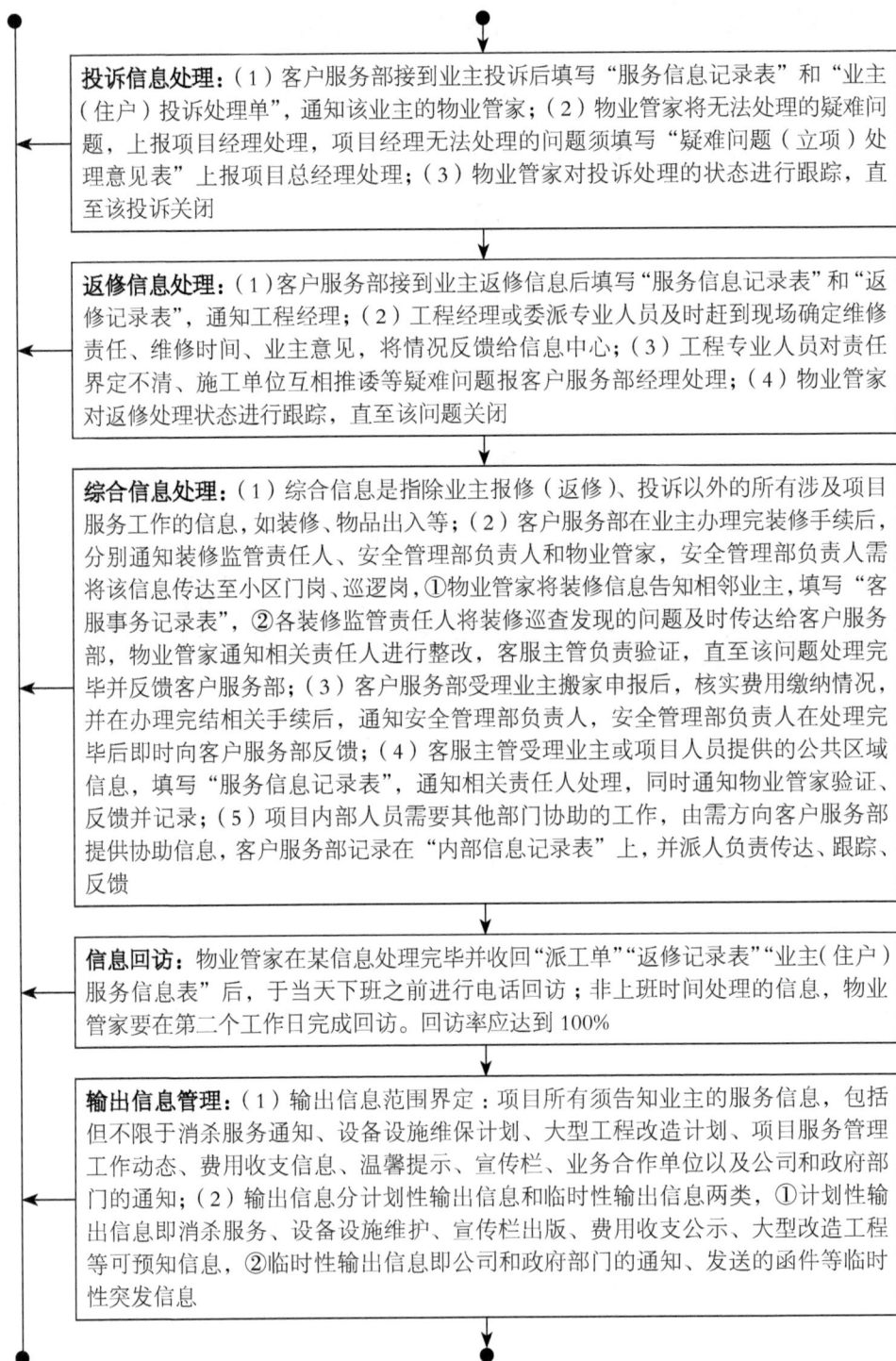

图 4-2　管家（客户）服务信息处理流程（续）

输出信息处理：（1）项目计划性信息输出由各部门在"月份工作计划及考核表"中制订信息输出计划，报公司审批；（2）临时性信息输出由客服中心在"临时信息审批表"中提出信息输出、终止需求，报项目总经理审批；（3）客户服务部根据计划通知客服助理实施信息的输出与终止，需要送达的信息经签字后无须终止；（4）客服主管负责定期更换宣传栏内容，文稿须经公司总经理审批方可出版，每年出版宣传栏不少于 6 次；（5）项目行政事务部将欠费信息告知客服主管；将欠费 3 个月（含）以上的信息上报项目总经理；（6）物业管家应在信息输出后 3 个工作日内对所输出信息的效应进行采集并反馈至客户服务部

信息汇总与评审：（1）客服主管每周将所有信息进行汇总，填写"周信息汇总报告"，在每周例会上通报上（本）周信息情况；（2）客服主管在部门周例会组织相关责任人进行系统性分析，形成"周信息分析报告"发送给相关责任人和项目总经理；（3）项目总经理每月 30 日前组织召开信息评审专题会议，制定持续改进措施

存档：项目所有服务信息的记录均由客户服务部主管于次月 10 日前归档保存。宣传活动等须拍摄照片进行存档，并填写"宣传活动登记表"，由客服主管负责整理归档

相关记录："服务信息记录表""客服事务记录表""疑难问题（立项）处理意见表""月信息评审报告""周信息汇总报告""月度工作计划及考核表""内部服务信息记录表""宣传活动出版登记表""返修记录表"和"重大服务信息处理表"

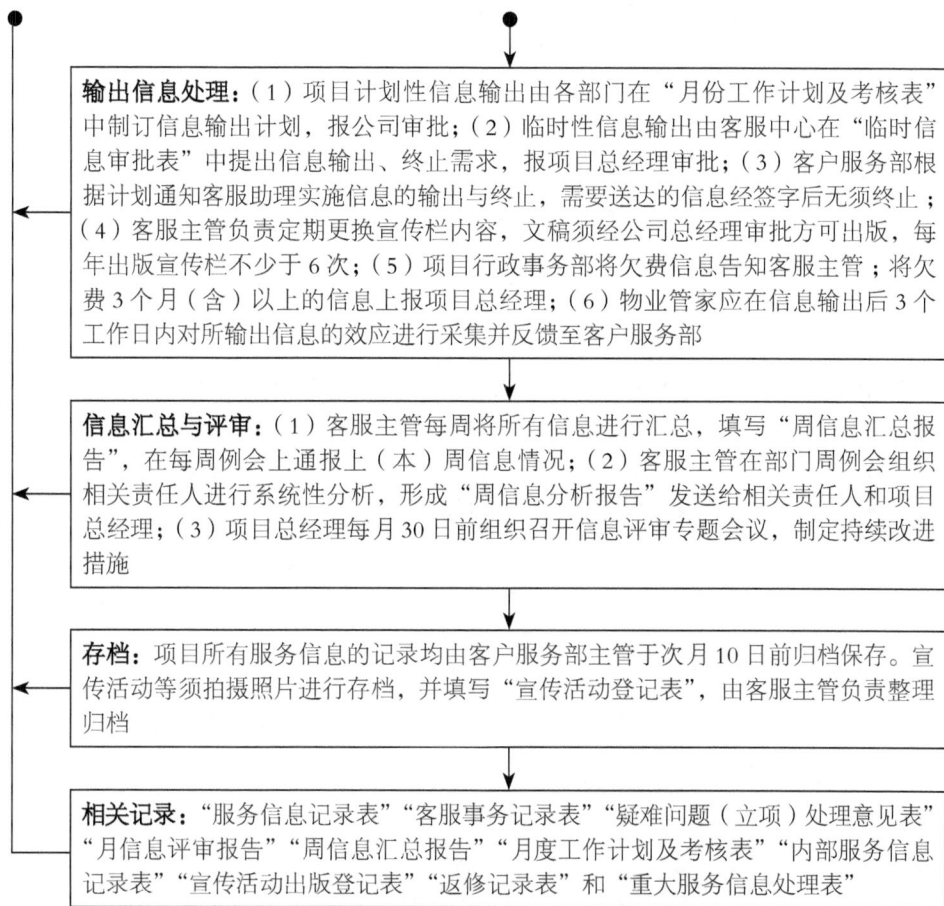

图 4-2　管家（客户）服务信息处理流程（续）

4.2　入住服务

4.2.1　准备工作

集中入住期是指业主在开发商书面通知前来入住的时限内集中到物业现场收楼、验楼、办理入住手续的工作时期。在此期间，物业管家的工作主要是为业主办理各项入住手续，以及与开发商共同解决业主的问题。本阶段时间短、工作量大、环节多，需要物业管家具备丰富的工作经验及工作技巧。

4.2.1.1　与开发商沟通

物业管家的准备工作包括：以书面形式详细列出办理入住手续时需要业主携带的资料、需缴纳的费用、办理流程等。另外，物业管家还要与开发商就如何应对业主可能会提出的疑问进行充分沟通以达成共识。

物业管家应采取主动沟通的态度，根据工作经验主动向开发商提出建议与意见，主动承担联系政府公共事业部门确定协作事宜、场地布置等工作。

> 各项沟通必须详尽、严谨。在提供业主办理入住手续所需资料、费用等内容时，应细致、全面，避免因疏忽漏项而造成不必要的麻烦。在准备入住仪式、场地布置方面，则更应细致入微，给开发商提出好的建议与意见，并且尽量采用书面沟通的方式。

4.2.1.2　协调工作

物业公司要与物业管理行政主管部门、供电局、自来水公司、供热公司、燃气公司、地名办和电信局、有线电视等单位维护好关系，保证业主入住后水电气等的正常供应，正常通邮、上网，解决业主的后顾之忧。

4.2.1.3　准备入住资料

物业公司应根据实际情况及物业管理标准，制定各种规范、制度，文件、表格等入住手续文件如表4-1所示，在入住时及时交到业主手中，以便他们知晓具体内容，利于物业管理的各主体之间相互了解、相互支持，从而为后续管理工作打好基础。

表4-1　入住资料

序号	文件	详细说明
1	入住手续文件	（1）入住通知书 （2）入住通知书回执 （3）入住流程清单 （4）房屋验收单 （5）房屋质量整改通知书 （6）住宅使用公约

序号	文件	详细说明
2	入住发放文件	（1）业主（用户）手册 （2）入住须知 （3）装修管理办法 （4）委托服务项目表
3	入住记录	（1）业主（用户）登记表 （2）验房签收记录 （3）入住资料登记记录 （4）领取钥匙签收记录 （5）委托服务登记表 （6）入住收费记录
4	通知业主（用户）	提前一个月,通过登报或寄发"入住通知书"的方式通知业主(用户),其内容包括： （1）收楼流程 （2）收楼须知 （3）交费一览表 （4）入住手续单
5	入住前接待准备	（1）研究制定集中入住的接待工作方案,围绕完成接待任务对员工进行合理分工,并在物资上做好充分准备 （2）入住需准备的物资装备,包括资料袋、笔、计算器、复印纸、复印机、各类收据、发票等 （3）入住场景布置,包括摆放花篮和盆景、悬挂条幅、插放彩旗、高挂气球等,给人以隆重、喜庆的感受 （4）确定入住手续办理地点,根据地点的实际情况布置现场,尽量为业主提供较大的表格填写位置 （5）设置导向路标,安排引导人员,在现场设置明显的入住手续办理流程的标识,方便业主（用户）办理手续

4.2.2　集中入住服务

4.2.2.1　办理集中入住的环节

业主在开发商规定的时间到达指定地点办理入住手续,办理完结后就可以正式入住了。其具体流程如图4-3所示。

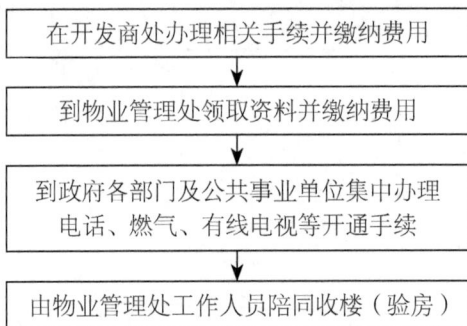

在开发商处办理相关手续并缴纳费用

↓

到物业管理处领取资料并缴纳费用

↓

到政府各部门及公共事业单位集中办理
电话、燃气、有线电视等开通手续

↓

由物业管理处工作人员陪同收楼（验房）

图4-3　办理集中入住流程

此环节中较重要的一项就是业主收楼（验房）。如果在验房过程中发现问题，则由物业管家及时与开发商沟通，争取在最短的时间内予以解决。

4.2.2.2　办理集中入住手续流程

办理集中入住手续流程如图4-4所示。

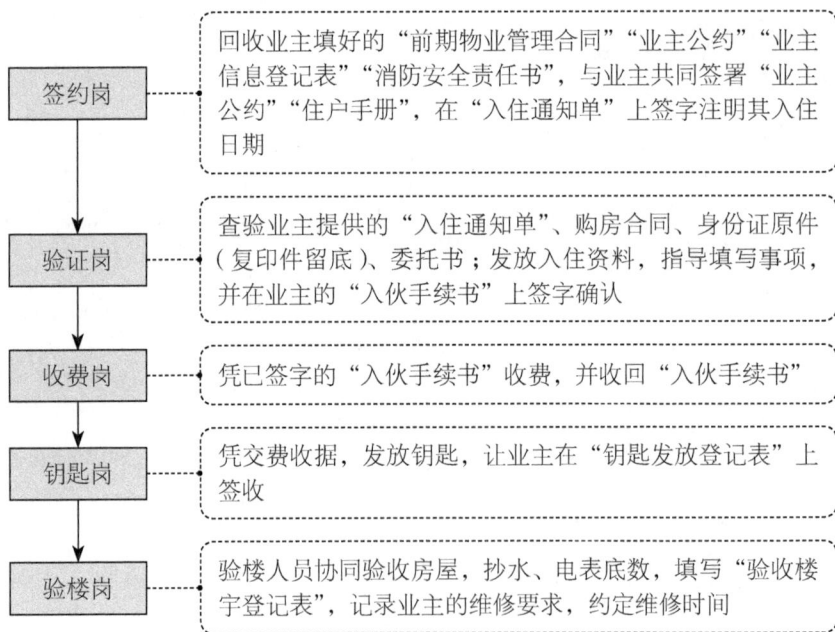

| 签约岗 | 回收业主填好的"前期物业管理合同""业主公约""业主信息登记表""消防安全责任书"，与业主共同签署"业主公约""住户手册"，在"入住通知单"上签字注明其入住日期 |

| 验证岗 | 查验业主提供的"入住通知单"、购房合同、身份证原件（复印件留底）、委托书；发放入住资料，指导填写事项，并在业主的"入伙手续书"上签字确认 |

| 收费岗 | 凭已签字的"入伙手续书"收费，并收回"入伙手续书" |

| 钥匙岗 | 凭交费收据，发放钥匙，让业主在"钥匙发放登记表"上签收 |

| 验楼岗 | 验楼人员协同验收房屋，抄水、电表底数，填写"验收楼宇登记表"，记录业主的维修要求，约定维修时间 |

图4-4　办理集中入住手续流程

（1）入住审查登记

①查验"入住通知单"并发放资料

物业管理处应建立"入住登记表"，对业主提交的"入住通知单"进行查验，确认无误后收取"入住通知单"，在入住登记册中注明，并向入住申请人发放资料，具体如图 4-5 所示。

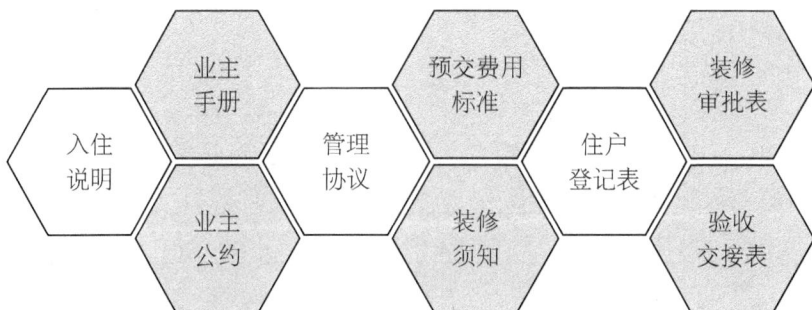

图 4-5　查验"入住通知单"并发放资料

②告知业主须填写并提交的资料

上述发放的资料应在"入住登记册"中由业主签收，或由管理人员注明。在提供给业主的"入住说明"中应明确由业主填写并提交的资料，包括身份证及复印件、业主登记表、购 / 租房合同的正本及复印件、已签署的住户公约和管理协议。

在完成这一步骤后，须在"入伙手续书"的验证处相应栏内签名，也可以参照下面的范本填写。

【实战范本 01】入伙手续书

入伙手续书

公司 / 女士 / 先生：

您好！您所认购的_____座_____层_____单元，已具备入住条件，请您阅读"入住须知"并按下列顺序办理手续。

序号	办理部门	应缴费用或办理手续	已收或已办	意见及签章
1	验证处	审核业主（用户）相关资料、证件		入住资料审查合格，特此证明 签名： 　年　月　日
		领取"入伙手续书"和资料袋		签名： 　年　月　日

（续表）

序号	办理部门	应缴费用或办理手续	已收或已办理	意见及签章
2	签约处	签约和填写相关资料		签名： 年　月　日
3	收费处	管理费（预收 × 个月）		已交清物业管理处有关费用。特此证明 签名： 年　月　日
		防盗门（××× 元 / 户）		
		装修垃圾清运费（××× 元 / 户）		
		信报箱制作费（××× 元 / 户）		
		管道燃气初装费（××× 元 / 户）		
		有线电视初装费（××× 元 / 户）		
		本体维修基金（按总房款的 ×% 一次性收取）		
		房产证契税（按总房款的 ×% 一次性收取）		
		卫生费（× 元 / 户，预收 × 个月）		
4	相关单位现场办公	办理有线电视开户手续		签名： 年　月　日
5	现场验房	现场验房和发放钥匙		签名： 年　月　日
	资料归档	收回"入伙手续书" 收回楼宇交接登记表		签名： 年　月　日

××× 物业管理有限公司

年　月　日

（2）签约

①验证业主的资料。物业管理处对业主的资料进行审核验证，验证内容包括：

——表格填写是否完整、准确和清晰；

——公约和管理协议是否已签署；

——身份证明文件与购 / 租房合同及"业主登记表"是否一致。

②签收各项资料。审查通过后，入住管理员收取购房合同复印件、业主登记表、住户公约 1 份、管理协议 1 份，在"入伙手续书"上注明签收。

（3）预交费用

财务根据国家和政府的法规及开发商或业主委员会的规定，确定入住预交费用标准。物业管理处在收取业主各项费用后，应为业主开具相应票据。

费用项目包括预交管理费、装修保证金及清运费等。财务应制作"费用登记表"，对费用交纳完毕的业主，除在"入伙手续书"上标注外，还应在"入住费用登记表"中注明。

（4）发放钥匙

上述手续完成后，物业管理处查验"入住登记表"及已签署的"管理协议"和各项收费票据后向业主发放钥匙，并在"钥匙发放登记表"上登记，同时应和业主协定验收房屋的时间和方式。

（5）验收房屋

物业管理处与业主一起验收其名下的物业，登记水、电、气表底数，双方在"验收交接表"上签字确认。验收过程中双方确认需维修的事项，由物业管理处通知相关部门处理。

4.2.2.3 办理集中入住的工作技巧

（1）疑问答复

业主在办理入住手续的过程中，可能会出现很多疑问，如有关房产证事宜、物业管理处情况、日常费用缴纳等。其中有些问题，若在前期准备工作中与开发商已做了较好的沟通，物业公司就可以很快向业主做出答复。

如果出现了事先准备工作中没有涉及的问题，物业管理处和开发商一般会委派专人负责沟通，之后再答复业主；双方沟通时要注意明确答复内容，避免产生歧义。

（2）收楼验房发现问题的处理

根据"入伙手续书"和"入住须知"，业主在正式接管房屋之前，应由物业管理处派人带领业主验收其所购物业。

①先了解。物业管家在验收之前应尽量把物业可能产生的问题了解清楚，并逐项进行鉴定检查，把问题解决在入住之前，将"先天缺陷"减少到最低限度。

②记录问题并请业主签字。业主收楼验房时，如发现房屋存在任何问题，包括外观、水、电等，物业管家应当场做好记录并请业主签字确认，然后交由开发商解决。

③与开发商联系处理。物业管家应分辨问题轻重缓急，如需马上解决的问题应立即同开发商联系沟通，否则可待入住工作全部完结后集中处理。

应注意避免与开发商沟通时的随意性，要将问题反映给物业管理处的专门人员，再由此人与开发商进行沟通。这样可使开发商更加明确问题的重要性，并加以快速处理。

4.2.3　零散入住服务

大部分业主会在集中入住期间办好各种手续，但也有部分业主因为各种原因无法在规定时间内前来，因此，入住后还会有业主不定期地到物业管理处办理入住手续。

办理零散入住手续时，物业管家应注意以下两个方面。

4.2.3.1　统一协调时间、地点

业主办理入住手续时，一般情况下都会先到物业管理处咨询办理事宜。按照正常程序，业主应该先到开发商处办理完相关手续后，才可到物业管理处继续办理。因此，当发现业主还没有到开发商处办理手续时，物业管家应对业主进行指导。

在零散入住期间，物业管理处应与开发商协商好办理手续的时间、地点，双方最好能在统一的时间内办理；开发商的办公地点也要明确、固定，这样就便于物业管家为业主提供正确的指引。

4.2.3.2　明确固定的联系人

零散入住期间，业主会有各种各样的疑问，尤其在验房后同样会发现很多问题，业主有时会要求物业公司或开发商尽快给予答复或处理。物业管家应根据自己掌握的信息和实际情况及时答复业主，若业主的问题须由开发商解决，物业管家就要及时和开发商沟通。

4.3　迁入迁出服务

4.3.1　确认新业主（用户）

物业管理中的入住工作并非都指新楼入住，如果物业是旧楼盘，物业管家就会

面临一些新业主（用户）迁入的问题。新业主（用户）的入住工作，尤其是租户的入住工作与新楼盘入住有些不同，具体来说，办理新业主（用户）迁入的工作程序主要包括办理迁入手续、介绍日常服务、协助业主（用户）验收、处理业主（用户）资料、通知物业管理处其他部门提供服务等。

新业主分业主和租户两种情况，两者提交的资料情况不一样，具体如表4-2所示。

表4-2　新业主（用户）提交资料分类表

序号	业主（用户）类别	提供资料	
1	业主	产权证	产权属个人的，应提供身份证、联系电话、通信地址、签名、传真号码
			产权属公司的，应提供公司营业执照、法定代表人身份证、联系电话、传真号码、通信地址
2	租户	业主授权书、租约复印件、租户承诺书、营业执照、公司负责人、法定代表人身份证复印件、租户室内大件物品放行协议书	

4.3.2　新业主（用户）资料的发放与交回

4.3.2.1　发放资料

确认新业主（用户）以后，物业管家一定要依物业管理处规定及物业项目发放资料，如：

（1）业主（用户）须知；

（2）业主（用户）手册；

（3）公司职员出入证登记表；

（4）公司水牌订购表；

（5）借匙申请表；

（6）关于确定防火责任人的通知；

（7）出租房屋治安管理许可证等文件及由业主填写的相关文件。

4.3.2.2　新业主（用户）交回资料

（1）业主授权书；

（2）租户承诺书；

（3）租约复印件；

（4）公司营业执照副本复印件；

（5）公司负责人、法定代表人身份证复印件（附签名及个人联系电话）；

（6）租户室内大件物品放行协议书（附签名）；

（7）租户资料；

（8）租户单位防火责任人名单；

（9）出租屋主治安责任书及租住人员治安责任书；

（10）出租房屋治安管理许可证审批表（属出租房屋范畴的）。

物业管理处在新业主（用户）入住时，应要求业主或租户提供产权证、租约、业主授权书、营业执照等证明。确认业主（用户）身份后，再办理其他手续，包括协助新业主（用户）填写表格文件、介绍服务项目和主要规章制度、协助新业主（用户）验收所租的物业等。同时，要建立用户档案，并妥善保管新业主（用户）各类资料，以备随时查阅。

现列举某物业公司的"业主授权书"和"租户室内大件物品放行协议书"的范本，仅供读者参考。

【实战范本 02】业主授权书

业主授权书

_____物业管理处：

我单位/本人是____大厦____室的业主，从____年__月__日起至____年__月__日止，将上述_____单元租给/授权（用户单位名称）使用。

在此期间，该使用单位直接向管理公司支付有关费用（如管理费、电费等），若该使用单位欠交上述费用，我单位/本人将按"业主公约"规定负责缴清。

我单位/本人通信地址：

联系电话：

传真号码：

业主签名：

（盖章）

业主单位名称：

（盖章）

____年__月__日

【实战范本 03】租户室内大件物品放行协议书

租户室内大件物品放行协议书

甲方（业主）：

乙方（租户）：

丙方（管理公司）：

甲、乙、丙三方就乙方大件物品搬出大厦一事，达成如下协议。

1. 租赁期间，乙方室内大件物品经甲方同意方可放行搬（带）出大厦。

2. 凭乙方书面申请及甲方同意的书面文字可直接到管理公司办理放行搬（带）出大厦的手续。

3. 乙方未按时缴纳当月管理费，丙方有权对乙方任何物品搬（带）出大厦不予放行。

附：

（1）大件物品放行模式，请选择四种方式中的一种：

A. 由负责人签名批准放行；

B. 盖公司印章放行；

C. 由负责人签名或盖公司印章放行；

D. 既有负责人签名也须盖公司印章方可放行。

（2）物品放行的具体签名或盖章样板为：

甲方：　　　　　　　　　　　　　乙方：

丙方：

注：上述资料如有变更，请书面通知管理公司或重新签署此文件。

4.3.3　向新业主（用户）介绍物业管理处的服务

4.3.3.1　介绍各项基本规章制度及表单

物业管家应详细解释本小区物业管理的各项规章制度（包括新业主室内装修规

定、大件物品放行规定、管理费收缴规定、非办公时间出入登记规定、加班办公规定、室内配置消防用具规定等）及各种表格（如"物品放行条"）的使用方法。

4.3.3.2 介绍物业管理处日常提供的服务

物业管家应向新业主（用户）详细介绍物业管理处日常提供的服务内容，如免费清洁服务，即每季度一次施药杀虫，每年一次清洗地毯，每年两次清洗空调风机尘网等。

4.3.4 验房、迁入

（1）物业管家应与工程部一起陪同新业主（用户）到房间验收，将验收结果记录在"新业主（用户）室内设施检验记录表"上。

（2）新业主（用户）确认电表读数、签收钥匙后，填写"业主（用户）收楼登记表"。

（3）依照新业主（用户）通知的办公时间，可以参照下列范本填写"新业主（用户）迁入通知"，发给物业管理处各部门，按生效日期提供服务。

4.3.5 整理新业主（用户）资料

物业管家应对新业主（用户）交回的资料和文件详加审查，并按规定将资料分派和存档。具体处理方法如下。

（1）业主授权书，复印一份交管理部，原件存业主（用户）档案。

（2）租户承诺书、租约、营业执照复印件、公司负责人身份证复印件、公司职员表，统一存业主（用户）档案。

（3）新业主（用户）资料，存业主（用户）档案。

（4）业主（用户）单位防火责任人回执表，根据回执内容填写消防局统一印刷的防火责任人任命书，盖物业管理处公章后复印一份存业主（用户）档案，原件交业主（用户）签收。

（5）租户室内大件物品放行协议书，业主（用户）签署后收回独立存档。

（6）水牌订购表，复印一份交财务部作收费凭证，原件传真给制作商定制后存业主（用户）档案。

（7）职员出入证登记表，登记表和办好的出入证复印件各复印一份交保安部存档。

（8）出租屋业主治安管理责任书一式两份，派出所及业主签署后各存一份，复印件分别由服务中心和保安部存业主（用户）档案。

（9）租住人员治安责任书一式两份，业主与租户签署后各存一份，复印件分别由服务中心和保安部存入业主（用户）档案中。

4.4　装修手续办理

4.4.1　装修申请

业主（用户）的室内装修，须于装修入场前一周填写"装修审批表"，并提交装修方案。装修方案包括以下资料：

（1）业主室内装修申请；

（2）施工队营业执照／承建资格证书；

（3）装修平面图；

（4）装修用料，如吊顶、隔墙、地面等的用料；

（5）照明系统和电源布线图；

（6）给排水系统要求；

（7）需要新做或更改的中央设备系统；

（8）维修检查出口的位置；

（9）吊顶平面设计图；

（10）装修施工责任承诺书。

4.4.2　审批装修方案

物业管理处在收到业主（用户）的装修方案后一周内予以答复。对不合规范或资料不全的，业主（用户）须按要求进行修改，并重新提交审批。

4.4.3　办理装修手续

装修申请获得批准后，物业服务中心应提前一天通知业主（用户）和装修单位交费并办理相关证件，负责带领装修单位一同到工程部办理有关手续，参照以下两个范本填写相关表格。

【实战范本04】装修施工责任承诺书

装修施工责任承诺书

（施工单位填）

本人／本公司已收到物业服务中心发给的《装修指南》《装修管理规定》及各附件，现声明已详阅以上文件，已经明白并承诺遵守以上文件之所有规定，若有违反，愿接受服务中心的任何处罚。

承诺在装修期间按审批的装修方案和图纸施工。

愿意在装修期间担任消防负责人，负责对进场装修的有关人员进行消防教育，并在装修施工过程中，严格遵守消防规定，采取有效的防范措施，并承担因装修而引发灾害事故所造成的一切后果。

特此承诺！

签署人：

身份证号码：

（单位盖章）

年　月　日

【实战范本05】防火责任书

防火责任书

管理处：

本人愿意在装修期间担任防火责任人，并严格做到以下事项。

1.负责对进场装修的所有人员进行防火安全和工地管理制度的宣传教育，使施工人员提高安全意识，自觉遵守有关的安全操作规程和制度。

2.在装修施工过程中，严格要求所有人员遵守消防法规的有关规定，确保施工安全。

3.采取有效的安全防范措施，避免火灾的发生。在施工作业现场每50平方米配备一个灭火器，施工现场至少配备两个灭火器，并放置于明显、易取的位置。

4. 在施工过程中不大量使用易燃材料（易燃材料须做防火处理），注意装修材料合理堆放，装修垃圾及时清运，保证安全出口、疏散通道畅通无阻。

5. 施工用电配施工专用的开关箱，开关箱内设漏电保护器，开关箱电源线采用橡胶电缆，装修过程中用电遵守操作规程，做到安全用电。

6. 保护好大厦原有的消防设施，不发生意外情况，严禁动用消防器材；如需对装修户消防设施进行改动，必须经有关部门批准后方可施工。

7. 如需明火作业，须经管理处批准后方可作业。作业时，就近配备足够的灭火器，并远离易燃、易爆材料及物品。

8. 不在工地内使用电炉、电热棒等电热设施，不使用高瓦数照明灯，严禁使用煤气。

9. 因施工需要使用碘钨灯、电焊机等，须经管理处批准后方可使用。

10. 不擅自改动供电、智能化线路及其他预埋管线。

11. 施工现场禁止吸烟，如有吸烟者按情节轻重处以相应的违约金。

12. 凡因违反上述规定所发生的消防事故，由发生事故的施工单位、个人及业主（用户）承担一切经济及法律责任。

装修施工单位：　　　　　　　　　联系电话：

防火责任人：　　　　　　　　　　身份证号码：

　　　年　月　日

4.4.4　收取费用

4.4.4.1　装修押金

对于是否应该收取装修押金，应以购房人在买房时与开发商的约定为准，即按《房屋使用、管理维修公约》中的规定执行，许多城市的法律都没有明确的规定，但常见做法是应收取押金。

因为在实际工作中，确实有个别装修工人在装修时，既不考虑他人的方便、安全，也不顾及对建筑物、设施设备的保护，野蛮施工，随意抛掷垃圾，在不恰当的时间、地点进行施工等，引起了其他业主（用户）的极大不满。

若收取了押金，物业管家一旦发现在装修过程中出现损坏物业、破坏物业设施设备，给其他人造成生命、健康、财产方面的损失等情形时，可从这笔押金中扣除用于赔偿损失。如果装修过程中没有出现上述情形，则可将收取的押金如数奉还。

4.4.4.2　装修管理费

在业主（用户）装修过程中，物业管理处要配合提供一些原始工程资料，协调各方面的关系（如协调业主之间因装修干扰带来的纠纷），又要对装修工人、装修材料、装修行为进行管理、监督，如纠正违章、进行电梯维护等。

也就是说，在装修管理过程中，物业管理处不仅要投入大量人力、物力，而且要承担起一种无形的安全责任。所以，物业管理处可按规定酌情收取管理费，并向业主（用户）解释清楚。

4.4.5　办理入场手续

为使各业主（用户）和装修人员都能在有秩序的状态下作业，物业管理处应向所有业主（用户）、装修人员及临时人员发放各种证件。业主（用户）和装修单位必须负责为所有参与装修工程的人员办理"出入证"，如下例所示，并交纳工本费。业主（用户）和装修单位凭使用者的身份证原件及照片办理，并由管理处核对身份证原件。

【实战范本 06】装修出入证

装修出入证

正面：

公司图标	××大厦管理处 装修出入证 编号： 装修单位： 装修房号： 装修工姓名： 身份证号码： 有效期：　　年　月　日至　　年　月　日 请参阅背面装修须知	照片	编号： **装修出入证副证** 装修单位： 装修房号： 装修工姓名： 身份证号码： 有效期：　　年　　月　日至 　　年　　月　日

背面：

	装修须知
公司图标	1. 进入大厦的装修人员请佩戴此证。 2. 进出大厦大堂（道口）时，请自觉存放或取走副证。 3. 装修施工时间为上午8：00—12：00，14：00—18：00。 4. 为减少噪声污染，请关门施工。 5. 禁止装修人员串栋串户和在大厦内徘徊，不得在大厦内留宿。 6. 请自觉遵守大厦管理处的各项管理制度。 7. 竣工后，请将主副证一并退还管理处，否则每证扣除10元。

客服中心负责指引业主（用户）和承办商办理以下证件。

（1）装修许可证：缴纳装修押金后，由客户服务中心发给《装修许可证》，如下例所示。

（2）装修出入证：统一由管理处制作，贴持有人照片并加盖物业公司公章后生效；注明与装修施工期限相同的有效期。

【实战范本07】装修许可证

<table>
<tr><td colspan="2" align="center">装修许可证</td></tr>
<tr><td></td><td>编号：</td></tr>
<tr><td colspan="2">施工范围：_____小区_____栋
施工项目：
1.
2.
3.
4.
5.

施工期限：____年__月__日至____年__月__日
施工/消防责任人：　　　　　　联系电话：

发证单位：物业管理处
装修监管人：　　　　　　审批人：
发证时间：____年__月__日</td></tr>
</table>

（续表）

备注：1. 施工单位取得本证后必须张挂于施工单位现场。

2. 装修时间：上午 8：00—12：00，下午 14：00—18：00。

3. 严禁超范围、超时限施工，否则按违章论处。

4. 客户服务中心装修服务电话：×××××××××。

4.5　客户请修服务

4.5.1　业主（用户）日常报修的范畴

4.5.1.1　中修

中修是指不到大修范围和程度，而小修又不能解决的单项修理。修理费用较高、工程量较大、修理周期较长的一般都列入中修的修理范围，如屋内墙面局部漏水，个别楼层卫生间、厨房间、管道、马桶、面盆、水斗漏水，上下水管道局部堵塞等。中修要进行预、结算，完工后要进行验收，并需有一定的审批手续。

4.5.1.2　小修

小修是指修复小坏小损，以保持原来房屋完整程度的日常养护。私人住宅的小修包括如表 4-3 所示的报修内容。

表 4-3　小修的报修内容

类别	报修内容
电器方面	熔断丝、漏气开关、电源插头座、灯头、灯座、灯泡、灯管、线路的故障和更换
给排水方面	（1）各种龙头失灵故障 （2）各种水闸渗油和损坏 （3）上下水道堵塞不畅 （4）各种配件失灵和损坏 （5）上下水管漏水，水表故障

（续表）

类别	报修内容
配套设备方面	（1）热水器的保养和维修（整机报废，业主自行购置或代购更换） （2）脱排油烟机保养和维修（整机报废，业主（用户）自行购置或代购更换）
门窗、小面积的地板及内墙方面	（1）木质门窗和铝合金门窗的修理 （2）小面积木质地板的修理和更换 （3）少量面砖、地砖、瓷砖损坏的更换等 （4）修配、更换及开启各种门锁
其他日常修理服务	消防设施的报修，门窗、地砖的报修，电表箱、电话箱、总水闸的报修，电子门的报修等

4.5.2　维修服务接待要求

4.5.2.1　业主（用户）亲自来报修

业主（用户）前来申报维修服务项目时，服务接待人员应起立、微笑，并主动招呼："您好，请问我能为您做些什么？"同时填写"维修（服务）任务单"。

4.5.2.2　电话报修

业主（用户）电话申报维修服务项目时，接待人员在电话铃声响三次前应立即接听电话，并作礼仪应答："您好，请问我能为您做些什么？"接待人员边接听电话，边做记录，接听电话将结束时，应待业主（用户）先说"再见"后，方可应答"再见"。

4.5.2.3　区分维修内容的轻重缓急

在业主（用户）申报维修时，要根据业主（用户）的态度判断其所申报的项目是否应列为紧急项目。有些虽然可以另约时间处理，但若业主（用户）强烈要求马上处理，接待人员则要尊重其意愿，即刻与维修部门联系处理，尽量满足业主（用户）的要求。在紧急情况下，申报人可能会表达不清，这时，接待人员要用"别着急""别担心，我们会马上为您处理的！"等语言安慰申报人使其尽快平静下来，同时，加快做记录的速度。

4.5.2.4　区分无偿维修与有偿维修

管理处为业主（用户）提供的维修服务项目中，有些并不属于物业管理的责任范围，所以其材料、人工等成本费用需由业主（用户）承担。一般情况下，管理处会在为业主（用户）提供的服务项目资料中标明哪些项目属于无偿服务，哪些属于有偿服务。但很多业主（用户）往往不会记得，所以，当业主（用户）申报时，接待人员应判断是否属于有偿维修项目，如果是，则应明确地将相关规定与价格向业主（用户）做出提示，得到业主（用户）的认可后，再商定维修的具体事宜。

在此环节中，可能会出现业主（用户）不认可，甚至责骂接待人员的现象，这时，接待人员不要与业主（用户）发生任何正面的冲突，而应始终保持平静的心态，耐心地劝导业主（用户），直至问题得到圆满解决。

4.5.3 详细记录

业主（用户）申报维修时，接待人员应按业主（用户）姓名、住址、电话、申报维修服务内容、预约上门日期、时间等逐项填写"客户请修登记表"，同时与客户约定上门检查时间及上门维修时间（如表 4-4 所示）。

表 4-4 客户请修登记表

日期	受理时间	业主(用户)姓名、联系电话及地址	请修内容	预约时间	流程单号	完成时间	维修结果	回访时间	回访结果

> 在记录时，接待人员应主动询问以上内容，即使有些业主（用户）因情况紧急而耐心不足，也要在最短的时间内问询到这些资料，避免因遗漏项目而给后面的维修工作造成不便。

4.5.4 通知工程部

客户助理在"客户请修流程单"（如表 4-5 所示）中填写相关请修信息后，须在短时间内将之转交给工程主管或工程主管指定的负责人（如班长），通知其安排修理。

表 4-5　客户请修流程单

年　月　日　　　　　　　No.：

<table>
<tr><td rowspan="5">客户服务中心填写</td><td>客户姓名</td><td></td><td>维修地址</td><td></td><td colspan="2">联系电话</td><td></td></tr>
<tr><td>预约时间</td><td></td><td colspan="4">预约费用：□是　□否含材料费用</td><td></td></tr>
<tr><td rowspan="3">维修内容</td><td colspan="6"></td><td></td></tr>
<tr><td colspan="6"></td><td></td></tr>
<tr><td colspan="6"></td><td></td></tr>
<tr><td rowspan="4">工程组填写</td><td>派工人</td><td></td><td>维修材料</td><td>数量（个）</td><td>单价（元）</td><td colspan="2">小计</td></tr>
<tr><td>作业人员</td><td></td><td></td><td></td><td></td><td colspan="2"></td></tr>
<tr><td>到达维修处时间</td><td></td><td></td><td></td><td></td><td colspan="2"></td></tr>
<tr><td>完工时间</td><td></td><td></td><td></td><td></td><td colspan="2"></td></tr>
<tr><td rowspan="4">客户填写</td><td>维修评价</td><td colspan="6">质量：□满意　　　□一般　　　□差
及时：□满意　　　□一般　　　□差
收费：□满意　　　□一般　　　□差</td></tr>
<tr><td rowspan="3">付款方式</td><td colspan="6">金额为 ＿＿＿＿＿＿ 元　□现金　收据单号：＿＿＿＿＿＿（号码由客户中心填写）</td></tr>
<tr><td colspan="6">□签单
兹同意管理处在本人银行账户中托付维修费。</td></tr>
<tr><td colspan="6">客户签名：　　　　　　　　　日期：</td></tr>
</table>

4.5.5　跟踪

（1）客户助理对比较复杂的维修要跟进、督促，并将"客户请修流程单"存档。

（2）客户助理按回访规定的时间及时进行回访，回访情况记录在"客户请修登记表"的回访栏中，请修回访率为30%。

4.6　各种手续办理服务

4.6.1　客户搬入搬出放行条办理

客户搬家、搬运部分大件物品、装修单位搬运机具、外来维修单位搬运工具等时，物业公司须为其办理放行条。

4.6.1.1 客户搬出放行条

（1）若将物品搬出小区，客户须至物业管理处客户服务中心办理手续，客户助理核对客户身份，并记录下客户身份证号码，若不能确定身份，需有业主书面说明或与业主联系同意搬出。客户助理填写"客户搬出／入登记表"（如表4-6所示），开具"放行条"，并通知保安员。

（2）若为客户迁出小区居住，须提前至物业管理处客户服务中心办理手续，客户助理询问客户房间号，核对姓名，记录客户身份证号码，仔细检查客户管理费、水电费、车位使用费等费用是否交清，租户需要提供业主同意搬家的证明，如果确实不能提供，可由客户助理与业主联系确定业主是否同意其搬出。客户助理填写"客户搬出／入登记表"，签署"搬出放行条"并通知保安员放行。

表4-6 客户搬出／入登记表

业主姓名	住址	拟搬时间	搬运人姓名	搬运人证件号	搬运人电话	有无欠费情况	业主意见	放行条号

4.6.1.2 客户迁入放行条

客户迁入时，若为业主，应在客户服务中心按照《客户入住手续办理流程》办理相关手续，由客户服务中心开具搬入的"放行条"（如表4-7所示）；若为租户，应由业主出具证明，在客户服务中心办理相关手续，由客户服务中心开具搬入的"放行条"，客户助理填写"客户搬出／入登记表"。

客户搬入时，保安员查看"放行条"放行。

表 4-7 搬出／入出放行条

存根联 （相关证件复印在背面）

客户名称		搬迁日期	
搬迁原因			
搬迁主要物品名称	1.＿＿＿＿＿＿＿＿＿ 　 2.＿＿＿＿＿＿＿＿＿ 3.＿＿＿＿＿＿＿＿＿ 　 4.＿＿＿＿＿＿＿＿＿ 5.＿＿＿＿＿＿＿＿＿ 　 6.＿＿＿＿＿＿＿＿＿		
客户签名	证件号码	联系电话	
搬迁人签名	证件号码	联系电话	
经管部签名	服务中心签名		

注：1. 此条分存根联、放行联；

2. 凡属合同终止搬迁家私的租户，必须由客户服务部确认签字，管理处签字方可放行；

3. 凡属货物搬出本物业，经由客户签字盖章，附承租人的身份证复印件，当班保安员查验放行；

4. 存根联由管理处存底，放行联由搬迁人交给保安员，作为搬迁凭证；

5. 保安员验单放行后，将放行联交回管理存档备查。

★复印无效★ 　　　　　　　　　　　　　　　　　　　　　　　　　**放行联**

搬出／入放行条

＿＿＿＿＿＿安管员：

兹有＿＿＿＿＿＿栋＿＿＿＿＿＿房业户需要搬出大件物品（搬迁人＿＿＿＿，证件号码为＿＿＿＿＿＿＿＿＿＿＿），该业户手续符合管理处要求，请做好记录予以放行！

管理处 查验人（签名）：＿＿＿＿＿＿

＿＿＿年＿月＿日

搬迁时间：＿＿＿＿＿＿＿＿＿ 　 保安员（签名）：＿＿＿＿＿＿＿＿＿

附：允许搬迁的大件物品明细：1.＿＿＿＿＿＿＿ 　 2.＿＿＿＿＿＿＿

3.＿＿＿＿＿＿＿ 　 4.＿＿＿＿＿＿＿

5.＿＿＿＿＿＿＿ 　 6.＿＿＿＿＿＿＿

备注：1. 放行联由搬迁人交给本区保安员，作为搬迁凭证；2. 值班保安员核对放行条后，做好放行记录。

4.6.1.3 装修单位、外来作业单位的搬运

装修单位、外来作业单位搬运机具时，物业管家应核实装修或作业地址，并记录搬运人身份证明号码，开具"放行条"。

> 在为客户办理搬出／入放行条时，要提醒客户使用电梯应避免高峰期，尽量不占用消防通道停车，实在无法避免，不得停车超过 30 分钟，应保持环境卫生，爱护公共财产，若损坏公共设备应照价赔偿。

4.6.2 车位租赁办理

4.6.2.1 固定车位的租用

（1）审核资料

客户携带以下资料及复印件到管理处申请租用车位，物业管家在接受申请时要认真审核其所提供的资料：

①客户行驶证、驾驶证复印件（与原件核对）；

②车辆综合保险单复印件（与原件核对）；

③购房合同书或产权证明；

④客户联系电话，地址单位。

（2）确认租赁合同

检查以上资料后，请客户阅读"固定车位场地租赁合同书"，当客户确定要签合同后，由管理处项目经理和客户签订合同，合同一式两份，管理处、客户各持一份。

（3）收取车位使用费、发卡

①合同签订后，引导客户到管理处收费处缴纳车位使用费，通常要求客户一次至少交三个月的车位使用费。

②客户交费后，给其发放车辆出入 IC 卡。

（4）合同的解除

若客户要提前解除租赁合同并退款时，由车主提出书面申请，管理处签署意见，交公司领导批准后，凭发票到公司财务稽核部门办理退款手续，管理处收回租赁合同及 IC 卡。

4.6.2.2　非固定车位的租赁

客户带相应的资料（与固定车位租赁的资料相同）到管理处申请车位租用，查验资料后，由收款员向客户收取车位场地租用费，一次性交一个月的车位使用费方可发放 IC 卡，少于一个月的不发放 IC 卡。

4.6.3　办理用户公司水牌制作

为保证写字楼的整洁外观，物业公司要按标准尺寸统一制作用户公司的水牌、招牌。办理制作步骤如下。

（1）用户到客户服务中心填写"公司水牌申请表"（如表 4-8 所示），加盖公章，并出示《营业执照》副本或外国企业常驻代表机构登记证、社团法人登记证等政府部门核发的有效证件。

（2）客户服务中心核对"公司水牌申请表"上所报公司名称、地址是否与用户出示的有效证件上的注册登记信息相符。相符者即可受理申请；如不相符，则将资料退回用户。

（3）请资料相符的用户到收费处按收费标准缴费。

（4）安排水牌制作商制作水牌。

（5）收到制作商交回的水牌，要与资料核对是否正确，正确后安挂。

表 4-8　公司水牌申请表

文件编号：

公司房号：　　　　　　　　　公司名称：
联系人及电话：
1. 水牌名称：中文名称：　　　　　　英文名称：
2. 制作水牌类型：（打"√"选择）
□大堂水牌　　□楼层水牌　　□公司招牌
3. 公司招牌样式（请注意字体及颜色，若需在公司招牌上附有公司标志，请附上有关标志资料）：
公司签名（盖章）：＿＿年＿月＿日
备注：
1. 水牌收费：大堂水牌＿＿＿＿＿元；楼层水牌＿＿＿＿＿元；公司招牌＿＿＿＿＿元；
每家公司一般只允许订造大堂水牌、楼层水牌、公司招牌各一块。

> 2.办理水牌申请时需出示营业执照副本或外国公司常驻代表机构登记证、社团法人登记证等政府部门核发的有效证件，且所报公司名称、地址必须与营业执照副本或有效证明的注册登记名称相符。
>
> 3.请将水牌内容书写或打印在表上，字体要端正清晰，名称要准确。
>
> 4.请填妥本表后连同订造水牌费到客户服务中心缴费。
>
> 5.为保持大厦的统一形象，未征得物业管理处的同意，各家公司不得擅自选料制作或拆除水牌。

拟制：　　　　　　　　审核：　　　　　　　　批准：

4.6.4　为业主或用户出具场地证明服务

物业管家经常会遇到为业主或用户出具场地证明的事务。这事务看似简单，但如果不够谨慎的话就可能会造成不便，所以物业管家一定要按申请手续办理。

4.6.4.1　业主办理场地证明

（1）接到办理场地证明的申请时，物业管家首先要核实申请人的身份是否是业主或业主授权的代理人，申请人最好能出示产权证明，代理人要有业主签名的授权书。

（2）要求申请人提交书面的申请书，向管理处说明出证明给何单位、为何要出证明，申请书上要有业主或代理人的签名。

（3）服务中心填写业主证明并附上其申请书，呈交责任主管盖公章。

（4）业主证明文件复印一份，原件交业主签收，复印件连同申请书存入用户档案。

（5）责任主管批准后，为申请人出具证明。

4.6.4.2　用户办理场地证明

（1）物业管家接到用户的申请时，要核对用户资料，若用户未交齐资料则不予受理。

（2）用户须提交书面的申请书，向管理处说明出证明给何单位、为何要出证明，并盖用户公章。

（3）服务中心填写用户证明，附上其申请书，呈交责任主管盖公章。

（4）用户证明文件复印一份，原件交用户签收，复印件连同申请书存入用户档案。

（5）责任主管批准后，为用户出具证明。

4.6.5　用户租借会议室的手续办理

有的物业（写字楼、商业楼宇）管理处可以利用物业内的配套服务设施（如会议室）提供有偿便民服务，这项业务手续的办理也是在客服中心完成的。

4.6.5.1　用户资格审核

会议室通常是提供给本楼宇内用户作内部员工培训、开会用的，不允许作传销、产品买卖等用途。

4.6.5.2　办理程序

（1）用户填写"临时租借会议室申请表"并加盖公章。

（2）客户服务中心收到申请后，将申请呈递给权责人员核批，通常100人以下由客服中心主管审批，100人以上由保安部审批。

（3）申请获得批准后，由客户服务中心通知用户到收费处缴费。

（4）通知保安部、保洁部等职能部门，在会议室借用期间做好服务。

（5）派专人负责会议现场管理。指引用户按指定通道进出会议室，并阻止违反会议室使用规定及物业规章的与会者。

4.6.6　住户IC卡的业务办理

4.6.6.1　IC卡管理原则

（1）只为本小区的业主及经业主确认的其他常住人员办理住户IC卡。

（2）必须由业主亲自办理或委托人凭业主的书面委托办理IC卡。

（3）住户卡作为进入小区或会所的身份识别；IC卡只限本人使用，不得转借。

4.6.6.2　IC卡办理程序

业主及其直系亲属在第一次申办IC卡时，业主须提供身份证复印件、一寸彩照两张。

4.6.6.3　IC卡取卡程序

业主领卡时需在"领卡登记表"上签字确认，并注明日期。

4.6.6.4　门禁IC卡授权登录规定

（1）业主来客户服务中心办理IC卡时，物业管家要先查看资料，看看此户已配备几张IC卡，每张IC卡是否有卡号，在放卡盒里查找对应的卡，并请业主在

"IC 卡领用记录"上签名确认。

（2）如业主丢卡或多办卡，应记录新卡号，费用是 30 元 / 张，请业主签字确认。

（3）进入门禁一卡通系统，出示 IC 卡。

（4）先刷读新的 IC 卡，选择开门卡类，设置时间（有效期一般是两年），输入业主姓名及有效门禁号。

（5）选择所需的门禁编码，然后按确定键，刷读 IC 卡一次。

（6）发行 IC 卡时每张卡内必须选择设入"×××""×××"等门禁编码。

（7）检测 IC 卡，选择 IC 卡检测系统，刷读已授权 IC 卡，核对 IC 卡内容，按确定键。

4.6.7 办理专用货梯手续服务

为了保护电梯，避免运送物品时损坏电梯、污染电梯环境及危及电梯内乘客的安全，通常会专设货梯，且安装防撞护板。用户因装修或搬运大件物品需要较长时间使用货梯时，应提前向客服中心申请，以便客服中心根据用梯情况，安排合适的运送时间，并派管理人员协助。

4.6.7.1 办理专用货梯使用手续

（1）用户填写"专用货梯使用申请表"。另外，若搬出大件物品，还需用户办理物品放行手续。

（2）客服主管审批。在用梯高峰期，一般不允许使用货梯。

（3）将申请表复印两份，原件交用户，由用户转交管理员开梯；复印件一份交管理部执行，一份由客服中心存入客户档案。

4.6.7.2 货梯使用的监督

电梯的使用要求如下。

（1）不得运送危险物品、超长物（2 米以上）或超载物品（1 000 千克以上）。

（2）运送液体货物时须用容器装好以防泄漏。

（3）运送粉状货物时须用密封袋装好，以防外泄。

（4）货物若为尖锐物应垫好，避免刮划电梯。

电梯使用完后，由管理员验收。若用户在使用电梯的过程中损坏电梯，须视损坏程度做出相应的赔偿。

4.6.8　拾遗或用户失物认领手续办理

物业公司为规范员工拾遗管理，通常要求员工在拾到物品后，马上联系客服中心，由客服中心通知巡楼保安员协助查找失主。找到失主后，失主要凭身份证到客服中心办理认领手续。如果找不到失主，客服中心就要把失物名称贴在公告栏上，以方便查找。

4.6.8.1　用户报失

（1）接用户报失后，详细记录报失用户所在公司名称、房号、失主姓名、电话、遗失物品时间、遗失物品地点及失物的名称、款式、型号等资料，并将用户提供的资料转交巡楼保安员协助查找。

（2）如失物找回，通知用户到客服中心办理认领手续。即使失物未能找回，也要回复用户。

4.6.8.2　拾遗上报

（1）如有人上报拾遗物品时，应先将拾遗人的姓名、联系电话、物品名称、拾遗日期等内容填写在"失物移交记录表"上，连同失物一起保存，"失物移交记录表"复印一份存档。

（2）制作"失物招领启事"，张贴于各公告栏上。

（3）失主来认领时，客服中心须审核其有效身份证件，并请失主描述所遗失的物品情况、遗失日期及时间、地点，以确保失物不被冒领。失主认领物品时，须要求对方在"失物认领表"上签字。

4.6.9　向总经理投诉的接待预约服务

对业主的投诉，经办人员要热情接待，耐心听取业主的意见，尽量不要把矛盾上交。若业主非见总经理不可，则要进行预约。预约前物业管家要做好以下几件事。

4.6.9.1　填写"投诉接待预约单"

认真填写"投诉接待预约单"。

4.6.9.2　整理好有关资料

（1）业主资料，包括姓名、居住单元、投诉时间、投诉内容及要求。

（2）处理情况，包括职能部门的调查情况、处理意见、处理过程是否有变化，解决了什么问题，尚有什么问题未能解决，是什么原因。

4.6.9.3 提交预约单，回复业主接见时间

（1）把预约单和资料送交总经理，请总经理定接见时间。

（2）获知总经理的接见时间后，回复业主。

4.6.9.4 跟踪处理

根据总经理的处理意见及决定，进行跟踪处理，直至落实。

学习思考

1. 请描述管家一站式服务信息处理网络及操作要求。

2. 入住服务的准备工作有哪些?

3. 办理集中入住有哪些关键工作环节?

4. 办理零散入住服务应注意什么?

5. 迁入迁出服务的业务办理流程及要点是什么?

6. 装修手续办理有哪些环节?

7. 装修方案应包括什么资料?

8. 业主(用户)日常报修的范畴是什么?

9. 维修服务接待有哪些要求?

10. 客服中心还要为业主(用户)办理哪些手续?

学习笔记

_____

_____

_____

_____

_____

_____

_____

_____

_____

第五章　日常巡查监督

▶ 学习目标

1. 能描述物业巡视管理的必要性、物业巡视的内容，能按照物业巡视的频次、物业巡视的方法实施巡查监督。

2. 按照房屋本体巡视流程、公共配套设施设备巡视的流程实施巡查，能够处理巡查中的一些紧急情况。

3. 能说明巡查记录的整理要求，能够实施整理工作。

4. 能对巡查中发现问题进行有效处理。

导读 >>>

日常巡查是物业管家最基础、最重要的工作，对如实、科学地反映物业管理工作的水平起着十分重要的作用。

5.1 物业巡视管理概述

5.1.1 物业巡视管理的必要性

（1）防患于未然。通过有效的巡视，彻底消除治安、消防等隐患。

（2）杜绝违章装修。将违章装修施工消除于萌芽状态。

（3）加强工作监督，提高员工的责任心，变员工的被动工作为主动工作。

（4）确保公共设施、设备处于良好状态。

（5）检查管理处的清洁、绿化、保安工作质量。

（6）增加与业主的沟通机会。

（7）实施空置房的管理。

5.1.2 物业巡视的内容

（1）治安隐患的巡视。

（2）公共设施、设备状况的巡视。

（3）清洁卫生状况的巡视。

（4）园林绿化维护状况的巡视。

（5）装修违章的巡视。

（6）消防违章的巡视。

（7）空置房的巡视。

（8）利用巡视机会与业主沟通。

5.1.3　物业巡视的方法

物业巡视的方法包括"看""听""摸"和"调查了解"等。

（1）"看"：通过观察发现物业管理服务中存在的问题。

（2）"听"：从设施设备运行时的声音判断是否有故障。

（3）"摸"：通过触摸感觉设施设备的使用状况。

（4）"调查了解"：向业主或员工调查物业及公共设施、设备的使用状况。

5.1.4　物业巡视的频次

一般情况下，每日巡视一次物业状况和清洁状况，每日至少巡视一次装修施工情况和空置房，其他方面每两日巡视一次。

5.2　物业巡视管理内容、方法和流程

5.2.1　房屋巡视流程

5.2.1.1　房屋本体巡视流程

房屋本体巡视流程如图 5-1 所示。

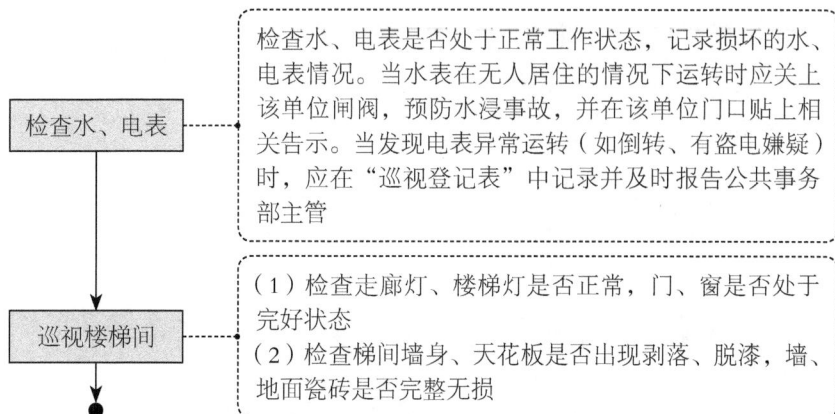

图 5-1　房屋本体巡视流程

109

（3）检查消防栓是否标识完好、配件齐全。灭火器是否有漏气或过期、失效现象。消防通道防火门是否关闭。消防安全疏散指示灯是否完好。消防疏散通道是否堵塞。防盗预警设施及消防报警设施是否完好

（4）检查卫生状况是否良好

巡视逃生天台

（1）检查逃生天台门是否能随手打开（严禁上锁）

（2）检查天台护栏是否完好，避雷针、电视天线、隔热层是否完好

（3）检查有无违规占用逃生天台现象

（4）检查雨水管是否通畅

（5）检查卫生状况是否良好

巡视电梯

（1）检查电梯的运行是否平稳，是否有异常响动

（2）检查安全标识是否完好，电梯按钮等配件是否完好

（3）检查照明灯及安全监控设施是否完好

（4）检查卫生状况是否良好

巡视大堂、门厅、走廊

（1）检查各类安全标识是否完好

（2）检查公共设施、照明灯及垃圾箱是否完好

（3）检查卫生状况是否良好

巡视装修住户

巡视家庭装修施工，预防出现违规装修现象。在巡视中一旦发现楼梯间弥漫石油气味、焦味时应立即进行调查，当原因不明时应立即告知保安部进行检查

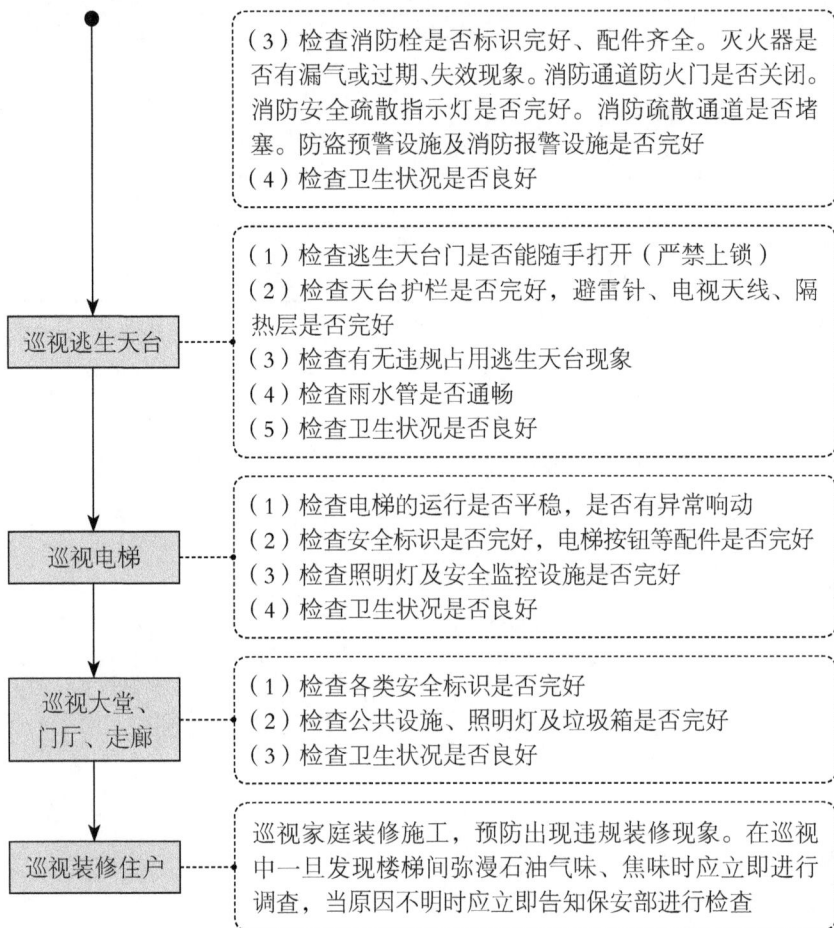

图 5-1　房屋本体巡视流程（续）

5.2.1.2　巡视方法及要求

（1）走到楼房屋顶，从上至下进行逐户巡视。

（2）巡视要求两人成组进行，以防造成不必要的麻烦。

（3）注意刷卡签到或在签到本上签到。

（4）发现损坏情况必须当日填写"公共设施设备报修记录表"。

（5）每日记录"装修施工日记"，详细记录业主的施工状况。

5.2.1.3　紧急情况的处理

发现业主家中有异常情况时，除特别紧迫情况外，严禁进入业主家中，更严禁擅自打开业主门锁入户。如遇紧急情况需要入户抢救或避险时，应至少邀请公司

员工之外的第三方如业主委员会委员、隔壁邻居等人员作证，再进入业主家中，但事后应立即报告公司领导并留存记录。两人中至少有一人是主管时方可进行入户抢险。

5.2.1.4 巡视记录

巡视完毕，物业管家应将物业巡视的相关状况逐项记录在相应表格中，如表5-1和表5-2所示。

表5-1 管理处日巡楼记录

No.：

检查日期	检查记录	纠正措施	处理结果	备注	检查人

记录反映楼宇及公共环境整洁情况、公用设施完好情况、装修违规情况、空置房保护情况、收费情况、其他。

表5-2 空置房巡检记录单

序号	楼栋号	房号	巡检项目										巡查时间	巡查人
			房顶	墙面	门窗玻璃	开关、照明	入户门	马桶	水、电	木质家具	淋浴喷头	备注		

物业经理： 日期：
物业管理有限公司

5.2.2　公共配套设施设备巡视的流程

5.2.2.1　巡视水、电、气、通信设施

（1）检查室外设施有无破损现象，各种管线有无渗、漏、滴、冒现象。

（2）检查室外设施有无生锈、脱漆现象，标识是否完好。

（3）检查室外消防设施是否配件齐全、标识完好。

5.2.2.2　巡视公共文体设施

（1）检查雕塑小品是否完好，有无完全隐患。

（2）检查儿童游乐设施是否完好，有无安全隐患。

（3）检查绿地、绿篱及乔、灌木是否有枯死、霉病现象，是否有黄土裸露现象，长势是否良好。

5.2.2.3　巡视道路、广场、公共集散地

（1）检查设施设备是否完好，是否有违章占用现象。

（2）检查标识、路牌、警示牌是否完好。

（3）检查各类雨、污水井盖是否完好，照明灯、装饰灯是否齐全。

（4）检查卫生状况是否完好。

5.2.2.4　巡视停车库、停车场、自行车棚、摩托车场

（1）检查防盗设施是否完好。

（2）检查停放的车辆是否有损伤现象。

（3）检查各类标识是否完好无损。

（4）检查卫生状况是否良好。

5.2.3　物业管理区域环境巡视

（1）检查小区内是否有乱张贴、乱拉线等现象。

（2）检查是否有损坏公共设施、违章制造噪声、污染环境、高空抛物现象。

（3）检查是否有违规饲养家禽等现象。

（4）检查卫生状况是否良好。

5.3　巡查记录的整理

物业管家负责日常的巡查记录整理工作。

（1）每天 9：30 前做好当天巡查记录的准备工作，并开始巡查。

（2）首次巡查完毕后，将巡查记录放到相应的文件夹中，以便部门经理及其他人员查阅；每天下班前要检查巡查记录是否已记录完毕，且整齐存放在相应文件夹内。

（3）巡查记录若出现遗失、损坏等情况，巡查工作负责人应第一时间向部门主管汇报，并及时将欠缺的巡查记录补充好，在记录中做好遗失或损坏事件的简要记录。

管家部巡检记录表和物业管家日巡视记录表如表 5-3 和表 5-4 所示。

表 5-3　管家部巡检记录表

项目名称：　　　　　　　日期：　年　月　日　　　　　　编号：

序号	项目	标准	检查记录（检查人）：		处理结果
			不合格描述	整改意见	
1	门禁系统	开闭自如，单元门呼叫正常			
2	楼道门、楼梯、窗、楼道灯	正常照明、有无损坏			
3	路面、道板、广场砖	无损坏、无明显污渍及油腻			
4	园区内小品、造型	无损坏、无丢失			
5	园区儿童场	无损坏、无丢失			
6	园区内景观水系	无杂物、水质清澈无堵塞			
7	违章情况	违反小区管理规约的行为			
8	异常情况	可疑人员、情况及安全隐患			

说明：管家部人员每天至少进行一次检查记录，合格在记录栏内打"√"；发现不合格时，写出对应项目序号及不合格原因，轻微不合格自行处理；发生严重不合格时，及时报告上级领导，根据上级领导要求开具"违规装修整改通知单"给责任单位整改；如有其他特殊情况，请在备注中说明。

表 5-4　物业管家日巡视记录表

编号：

检查人：　　　　　　　　　检查时间：　　月　日　时至　时

分管工作（责任区）		
巡视项目	1. □地（路）面 2. □墙面、门 3. □卫生间 4. □大堂 5. □电梯 6. □楼道 7. □消火栓	8. □屋面　　　　　　15. □装修巡视 9. □标识牌　　　　　16. □维修情况 10. □沙井　　　　　　17. □安全管理 11. □垃圾箱　　　　　18. □内务巡视（接待） 12. □绿化管理　　　　19. □公共设施、设备 13. □违章检查　　　　20. □空置房的检查 14. □车辆管理

序号	巡视发现的问题与跟进	责任人	完成情况

备注：负责巡视的项目打"√"，每项检查内容需说明。

5.4　对巡查中发现问题的处理

（1）物业管家在巡视中一旦发现问题，本人能现场进行制止、劝阻、处理的，应立即予以解决；如需要协调相关部门处理的问题，应将问题记录在"巡查日志"中，并立即报客服前台或与相关部门协调解决。

（2）对巡查中发现的重大问题（如存在重大安全隐患、重大责任事故等）应及时上报。

如在巡视过程中发现业主家中有异常情况，如跑水、燃气泄漏等，严禁擅自打开业主门锁进入业主家中。如遇特别紧迫的情况，需向客服部经理或项目经理汇报，并及时通知业主，在业主授权下可破门进入，制止险情的发展。

（3）将巡视中发现的问题处理完毕后应随时跟进处理结果，并到现场核实，处理的过程和结果均应有完整的记录，并由相关人员签字认可，对于一些不能及时解决的问题，应及时上报。

（4）管家部经理要不定期抽查公共区域设施、设备的完好情况及卫生状态，核查物业管家的工作质量，检查结果将作为物业管家绩效考核的依据。

学习思考

1. 为什么有必要进行物业巡视管理?

2. 物业巡视的内容是什么?

3. 物业巡视的方法有哪些?

4. 物业巡视的频次是怎样的?

5. 怎样开展房屋本体巡视?

6. 怎样开展公共配套设施设备巡视?

7. 巡查记录的整理要求是什么?

8. 对巡查中发现的问题该如何处理?

学习笔记

_____

_____

_____

_____

_____

_____

_____

_____

第六章　社区文化建设

▶ **学习目标**

  1. 能说明社区文化需求调研的目的和内容，能实施社区文化需求调研。

  2. 能概括社区文化建设内容、活动开展形式、活动开展要求、社区文化活动开展中的问题及解决方法。

  3. 能说明制定社区文化活动方案应考虑的因素、方案的内容与格式，能根据物业小区的人群特点制定个性化的社区文化活动方案。

  4. 能实施社区文化活动开展前的宣传、社区文化活动现场的控制、活动结束后的工作。

  5. 能说明社区文化的宣传措施和手段、宣传栏的管理要领、宣传栏的内容要求，能根据物业小区的情况开展社区文化宣传。

  6. 能制定节日布置方案，能根据布置方案组织实施节日布置。

导读 >>>

社区文化是指一定区域内、一定条件下社区成员共同创造的精神财富及其物质形态。社区文化建设得好会使一个物业升值，因此，在现在的物业管理工作中越来越重视社区文化的建设，物业管家必须知道如何规划、组织开展社区活动。

6.1 社区文化需求的调研

社区文化活动应该百花齐放，满足不同层次业主的兴趣爱好，兼顾不同类型业主的文化品位。这就要求物业管家充分做好社区文化需求调研工作，真正摸清客户在想什么，需要得到什么样的文化服务，愿意参加怎样的社区文化活动。

需求调研是策划的第一步，即先了解所辖物业区域内业主（用户）对社区文化活动的需求。

社区文化需求调查问卷

尊敬的 ×× 业主：

您好！

为了解 ×× 社区业主的文化需求，丰富社区文化建设，更好地打造和建设 ×× 和谐社区，特开展本次专项调查。在您认为符合的选项上（一项或多项）打 "√"，或在空格部分作补充填写。填写本表是不记名的，所有数据也只用于 ×× 社区文化活动的深入研究和推广，希望您根据自己的真实想法如实填写。为感谢您的支持，您在填写完毕后可领取 "海底世界儿童门票" 两张！

（续）

1. 您的性别是（　　　）

A. 女　　　　　　　　B. 男

2. 您的年龄是（　　　）

A. 20 岁以下　　　　B. 20 ～ 35 岁　　　C. 36 ～ 50 岁

D. 51 ～ 65 岁　　　E. 65 岁以上

3. 您的学历是（　　　）

A. 小学以下　　　　B. 小学　　　　　C. 初中　　　　D. 高中

E. 大学本科　　　　F. 大学本科以上

4. 您的职业是（　　　）

A. 工人　　　　　　B. 农民　　　　　C. 公务员　　　　D. 教师

E. 医生　　　　　　F. 司机　　　　　G. 职员　　　　　H. 自由职业者

I. 其他 _____

5. 您的家庭成员结构是（　　　）

A. 单身　　　　　　B. 夫妻　　　　　C. 夫妻和孩子

D. 夫妻、孩子和老人　　　　　　　E. 其他 _____

6. 您是否参加或关注过 ×× 物业举办的社区活动（　　　）

A. 从未参加或关注　　　B. 偶尔参加或关注　　　C. 经常参加或关注

7. 您所在的社区是否形成了自己的文化（和谐）氛围（　　　）

A. 已经形成　　　B. 正在形成　　　C. 感觉不出来　　　D. 比较差

8. 您参加 ×× 组织的社区文化活动时，身处其中的感受是（　　　）

A. 接受感　　　　B. 参与感　　　　C. 娱乐感　　　　D. 感觉不出来

9. ×× 社区文化活动以什么方式来通知您，您能接受（可多选）（　　　）

A. 张贴海报　　　B. 电话或短信　　　C. 邻居间相互传信

D. 其他 _____

10. 您最喜好的个人娱乐方式是（　　　）（可多选）

A. 看电视　　　　B. 棋牌（舞蹈）　　　C. 串门聊天　　　D. 运动健身

E. 看书报　　　　F. 其他 _____

11. 您以前参加过哪些方面的培训活动（　　　）（可多选）

A. 音乐（唱歌、舞蹈、戏曲、乐器）

B. 美术（绘画、摄影、书法）

（续）

C.体育（武术、体操、球类、棋牌）

D.教育常识

E.计算机（基本操作、维护、软件）

F.财经（股票、基金、个人理财）

G.养生保健（养生、美容、烹饪）

H.法律常识

I.军事

J.休闲（宠物、花鸟鱼虫、收藏、交友、插花）

K.心理健康

L.旅游

M.其他 ＿＿＿＿＿＿

12.您还希望接受（参加）哪些方面的培训活动（　　　）（可多选）

A.音乐（唱歌、舞蹈、戏曲、乐器）

B.美术（绘画、摄影、书法）

C.体育（武术、体操、球类、棋牌）

D.教育常识

E.计算机（基本操作、维护、软件）

F.财经（股票、基金、个人理财）

G.养生保健（养生、美容、烹饪）

H.法律常识

I.军事

J.休闲（宠物、花鸟鱼虫、收藏、交友、插花）

K.心理健康

L.旅游

M.其他 ＿＿＿＿＿＿

13.您的孩子以前参加过哪些方面的培训活动（　　　）（可多选）

A.音乐（唱歌、舞蹈、戏曲、乐器）

B.美术（绘画、摄影、书法）

C.体育（武术、体操、球类）

D.文化课（语文、数学、英语）

（续）

E. 计算机操作

F. 个人道德修养

G. 其他 _____

14. 您希望您的孩子还能参加哪些方面的培训活动（　　　）（可多选）

A. 音乐（唱歌、舞蹈、戏曲、乐器）

B. 美术（绘画、摄影、书法）

C. 体育（武术、体操、球类）

D. 文化课（语文、数学、英语）

E. 计算机操作

F. 个人道德修养

G. 其他 _____

15. 您愿意在什么地方接受培训活动（　　　）（可多选）

A. ×× 业主学苑培训点　　　　　　B. 市内的培训点

C. 市内各高校培训点　　　　　　　D. 其他地方 _____

16. 您希望在什么时间接受培训（　　　）

A. 晚上　　　　　　B. 周末　　　　　　C. 节假日

D. 其他时间 _____

17. 您没有参加 ×× 社区文化活动的原因（　　　）（可多选）

A. 没有时间　　　　　　　　　　　B. 事先没有得到活动信息

C. 没有感兴趣的内容　　　　　　　D. 形式单一

E. 其他 _____

18. 您希望以后社区经常组织哪些类型的文化活动（　　　）（可多选）

A. 兴趣参与类　　　B. 游戏娱乐类　　　C. 文艺表演类　　　D. 知识培训类

E. 科普宣传类　　　F. 其他 _____

19. 您对 ×× 物业近期组织社区文化活动的评价（　　　）

A. 非常好　　　　　　B. 很好　　　　　　C. 跟以前没变化

20. 您对 ×× 社区文化活动的建议和意见：

_____

谢谢您的支持和参与！

×××物业管理有限公司

二○　　年　月　日

121

6.2 社区文化建设内容

社区文化不可能离开一定的形态而存在，这种形态既可以是物质的、精神的，也可以是物质与精神相结合的。具体来说，社区文化可以包括环境文化、行为文化、制度文化和精神文化四个方面的内容。因此，社区文化的建设也要从这四个方面入手。

6.2.1 环境文化建设

社区环境是社区的脸面，最直接、最明显地体现社区文化的精髓。环境文化建设可先设立目标，落实组织机构、管理制度、主要措施和激励机制，然后分步骤组织实施。环境文化建设的步骤和要点如表 6-1 所示。

表 6-1 环境文化建设步骤和要点

序号	步骤	具体内容和要求
1	制定目标	小区文明洁净、环境良好、合理利用资源、生态良性循环、基础设施健全
2	确立组织机构，制定管理制度	可设立环境管理的专门部门。确定专人负责，拟订制度并及时监督。邀请业主、用户代表组成环保小组，进行义务监督；发现问题时，及时处理并定期公布环境公告
3	落实主要措施	（1）排水管道可实行雨污分流；拟建生活污水处理装置；家庭污水进入污水管网；食物垃圾粉碎后从下水道排走 （2）垃圾分类袋装和资源化回收、无害化处理，与当前的循环经济相联系 （3）垂直绿化和立体绿化 （4）对噪声进行监测和管制，加强空气污染控制等
4	建立激励机制	（1）倡导环保，循环经济从自身做起 （2）每季度组织业主、用户开展一次环保活动 （3）每个月举办一次环保讲座，出版一次专刊 （4）每年进行一次环保评比奖励 （5）开展"树木领养"等活动，激发业主关心环境的潜在热情

（续表）

序号	步骤	具体内容和要求
4	建立激励机制	（6）形成节约资源、能源的良好习惯，倡导业主尽可能重复使用环保制品。引导小区内市场、商场使用环保包装材料 （7）与环保部门联系，解决小区环保购物袋来源等问题
5	拟订小区环境手册	对小区的标志系统、办公系统、制服系统、公共设施系统、本体外观系统等进行全面、统一的设计。真正做到和谐统一、有章可循，避免盲目散乱和视觉污染
6	传播、交流人文理想	确定小区区花、吉祥物，形成个性化的识别体系
7	开展认证工作	开展 ISO 14001 环境管理体系认证。保证环境的高度整洁与和谐。通过优美的环境，培养业主、用户的自律意识，养成爱护环境、关心家园的良好习惯

6.2.2　行为文化建设

行为文化建设的内涵是在小区内开展丰富多彩的社区文化活动。行为文化建设的具体做法如图 6-1 所示。

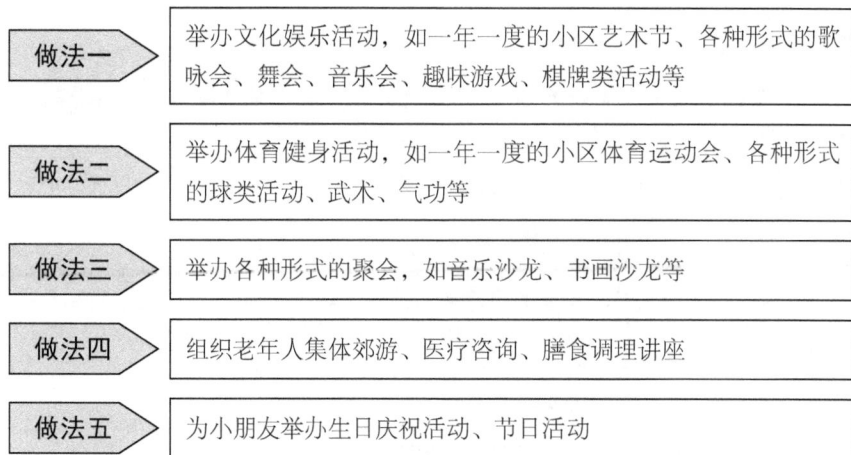

做法一	举办文化娱乐活动，如一年一度的小区艺术节、各种形式的歌咏会、舞会、音乐会、趣味游戏、棋牌类活动等
做法二	举办体育健身活动，如一年一度的小区体育运动会、各种形式的球类活动、武术、气功等
做法三	举办各种形式的聚会，如音乐沙龙、书画沙龙等
做法四	组织老年人集体郊游、医疗咨询、膳食调理讲座
做法五	为小朋友举办生日庆祝活动、节日活动

图 6-1　行为文化建设的做法

6.2.3　制度文化建设

要想有效、持久地开展社区文化活动，就必须建立健全各项制度，建立组织机构，制定管理规章。制度文化建设的内涵包括图 6-2 所示的内容。

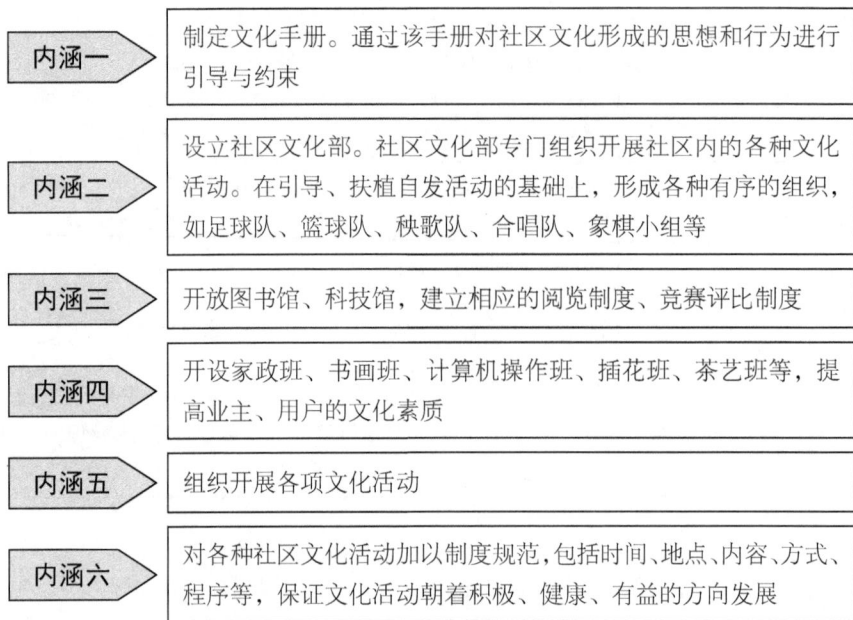

内涵一	制定文化手册。通过该手册对社区文化形成的思想和行为进行引导与约束
内涵二	设立社区文化部。社区文化部专门组织开展社区内的各种文化活动。在引导、扶植自发活动的基础上，形成各种有序的组织，如足球队、篮球队、秧歌队、合唱队、象棋小组等
内涵三	开放图书馆、科技馆，建立相应的阅览制度、竞赛评比制度
内涵四	开设家政班、书画班、计算机操作班、插花班、茶艺班等，提高业主、用户的文化素质
内涵五	组织开展各项文化活动
内涵六	对各种社区文化活动加以制度规范，包括时间、地点、内容、方式、程序等，保证文化活动朝着积极、健康、有益的方向发展

图 6-2　制度文化建设的内涵

6.2.4　精神文化建设

精神文化是社区文化建设的核心。精神文化建设的要点如图 6-3 所示。

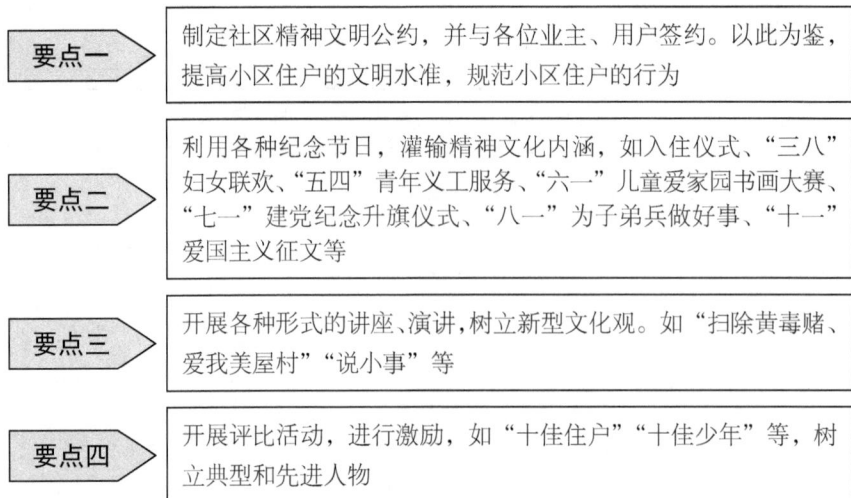

要点一	制定社区精神文明公约，并与各位业主、用户签约。以此为鉴，提高小区住户的文明水准，规范小区住户的行为
要点二	利用各种纪念节日，灌输精神文化内涵，如入住仪式、"三八"妇女联欢、"五四"青年义工服务、"六一"儿童爱家园书画大赛、"七一"建党纪念升旗仪式、"八一"为子弟兵做好事、"十一"爱国主义征文等
要点三	开展各种形式的讲座、演讲，树立新型文化观。如"扫除黄毒赌、爱我美屋村""说小事"等
要点四	开展评比活动，进行激励，如"十佳住户""十佳少年"等，树立典型和先进人物

图 6-3　精神文化建设要点

要点五	开展各种形式的培训，提高居民素质
要点六	组织播放爱国主义、集体主义主旋律影片；通过办墙报、宣传栏、小报等进行宣传教育；举办"村歌大家唱""村花村树知识竞赛"等活动
要点七	举行升旗仪式、表彰仪式等
要点八	办好墙报、宣传栏、读报栏及小区月报
要点九	举办各种主题研讨会，围绕传统文化和现代科学进行讨论

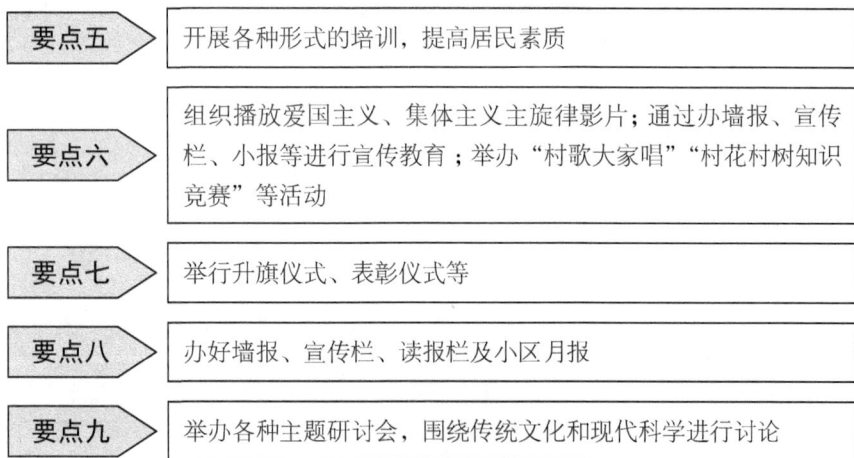

图 6-3 精神文化建设要点（续）

6.3 社区文化活动开展

6.3.1 活动开展形式

社区活动可采取以下形式。

（1）物业公司可依托丰富的社会资源，对各方面的客户资源进行整合利用。如与专业旅行社合作组织夏令营、特色旅游，与美容机构合作举办女性护肤养肤知识讲座，与健身机构合办健身训练营等。

（2）对于某些在专业上无法直接合作的单位，可邀请其以赞助、协办的形式参与社区活动，以补充社区文化建设经费。

6.3.2 活动开展要求

6.3.2.1 老少结合

老少结合是指社区文化活动应该抓住老人与儿童这两大群体，带动中、青年人参与社区文化活动。具体原因如图 6-4 所示。

1 参与社区文化活动必须有充裕的时间。迫于竞争压力和生存需求，中、青年人的大部分时间都用于工作和学习上，从而没有太多的时间和精力参与社区文化活动；相反，老人和儿童的时间宽裕。特别是老人，除了日常家务之外，有充足的时间参与社区活动

2 在社区成员中，老人与儿童所占的比例较大。在很多住宅小区，其比例占总人口的一半以上。因此，这一群体应受到关注和重视

3 参与社区文化活动必须有强烈的需求。中、青年人当然也有，但他们被繁杂的事务限制，因此需求成了深层次的期盼；而老人和儿童的需求是直接的、显性的，只要有环境，就可以实现

4 社区是老人和儿童实现文化需求的主要场所。因为他们的文化更具有区域性，对区域的关注和依赖远胜过中、青年人。中、青年人更多的是参与区域外的文化活动，音乐厅、咖啡屋等可能是其主要活动场所

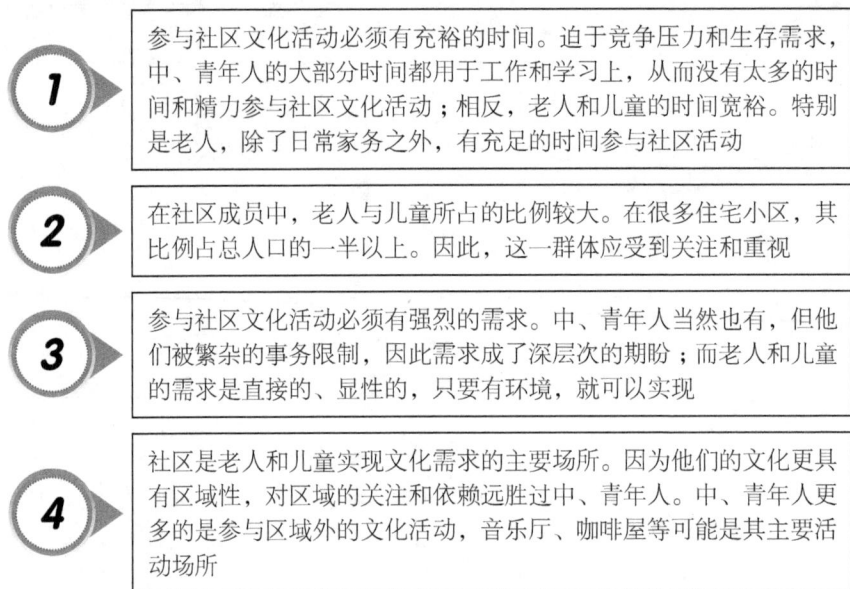

图 6-4 "老少结合"的原因

6.3.2.2 大小结合

"大"是指大型的社区文化活动，须精心策划与组织，参与人数众多、影响面广，如体育节、艺术节、文艺汇演、入住仪式、社区周年庆等；"小"是指小型的社区文化活动，那些常规的、每日、每周都可能开展的，又有一定的组织安排的社区文化活动，如每日的晨练、休闲、娱乐等。"大小结合"的具体要求如图 6-5 所示。

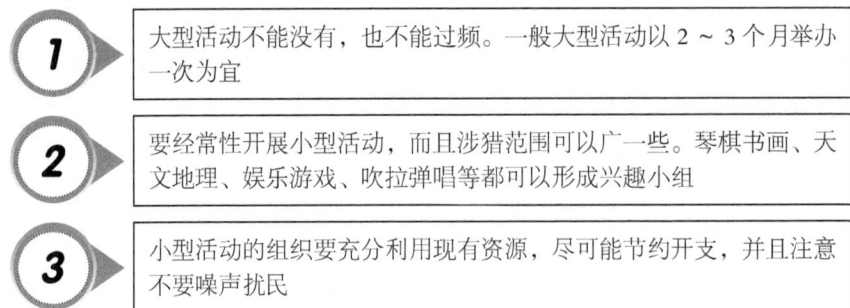

1 大型活动不能没有，也不能过频。一般大型活动以 2～3 个月举办一次为宜

2 要经常性开展小型活动，而且涉猎范围可以广一些。琴棋书画、天文地理、娱乐游戏、吹拉弹唱等都可以形成兴趣小组

3 小型活动的组织要充分利用现有资源，尽可能节约开支，并且注意不要噪声扰民

图 6-5 "大小结合"的具体要求

6.3.2.3 雅俗共赏

雅俗共赏是指社区文化活动应当注重社区成员不同层面的需求，高雅与通俗同

在。通俗的活动如家庭卡拉 OK 比赛、迪斯科表演、扭秧歌、腰鼓；高雅的活动如举办交响音乐会、旅游、书画珍藏品展等。

6.3.2.4 远近结合

"远"是指组织开展社区文化活动要有超前的意识、要有发展的眼光、要有整体的目标；"近"是指要有短期周密的安排、落实和检查。

6.3.3 社区文化活动开展中的问题及解决方法

社区文化活动开展中总有各种各样的问题出现。物业管家最好能预见这些问题，并预先考虑好解决方法。表 6-2 列举的是几个常见问题的解决方法。

表 6-2 社区文化活动开展中的常见问题及解决方法

序号	问题	表现形式	解决办法
1	单纯接受多，双向交流少	组织者往往以包办者的姿态组织、控制整个活动；参与的业主、用户仅仅是被动地接受，缺乏反馈与交流细节	在小区内组织一支文化活动骨干队伍，在开展活动前以问卷调查或随机抽样的方式开展活动内容意愿征询。在每个活动结束后，除必须做好活动效果记录外，还可以座谈会等形式征求业主、用户对活动内容、组织、方式等的看法与想法
2	个体活动多，群体参与少	活动缺少让业主、用户广泛参与的基础，即选择的活动内容仅使少部分业主、用户有兴趣、有能力参与。使活动无法广泛、深入、持久地开展，无法形成良好的规模效应	在组织活动时除开展必要的"阳春白雪"活动以提高小区业主、用户的综合素质外，还应开展一些有着深厚群众基础的活动，让广大业主、用户有兴趣、有能力参与。同时，还可组织一部分业主、用户培训，从而培养他们的兴趣与能力
3	被动欣赏多，主动创造少	文化活动以外请主持为主，业主、用户仅停留在被动欣赏层面。其主观能动性无法得到有效调动，从而使活动无法形成特色	组织者应尽可能挖掘业主、用户中的"能人"参与组织活动，如文艺工作者、体育工作者、文体活动爱好者、文化活动热心人等。让他们出主意、想办法，让他们登台献技、献艺。这样，社区文化活动就有了广泛的群众基础，业主、用户的主观能动性就会有效地调动起来，形成小区独有的特色

6.3.4 社区文化活动方案的编写

针对每次具体的社区文化活动，物业管家应提前一周编写实施方案。

6.3.4.1 社区文化活动方案的内容

通常社区文化活动方案应包括以下内容，如时间、地点、主题、形式、活动参与对象、活动邀请对象、活动组织安排、活动后勤保障、活动费用测算、活动费用来源及其他相关事宜。

6.3.4.2 社区文化活动方案的格式

社区文化活动方案的格式如表 6-3 所示。

表 6-3 社区文化活动方案的格式

序号	项目	基本要求
1	标题	写上"××活动计划"或"××活动方案"
2	开篇	写上活动的开展目的，也可以将协办单位写进去
3	正文	（1）活动的时间 （2）活动的地点、报名方法、报名时间等 （3）活动的项目和开展程序 （4）活动的注意事项
4	落款	方案制作部门或制作人签名、日期

6.3.4.3 社区文化活动方案的调整

如因特殊情况需要调整社区文化活动方案，应及时写出书面说明和调整后的"社区文化活动计划"由领导审核备案。

下面提供一份某物业管理处的活动方案，仅供参考。

【实战范本 01】"迎春节"社区文化活动方案

~~~~~~

"迎春节"社区文化活动方案

春节是中国人重要的传统节日，在老百姓心中占有重要的位置。为了贴近与业主（用户）的关系，管理处将组织业主开展多种文化娱乐活动。活动本着营造气氛、勤俭节约的原则，开展歌舞晚会、钓鱼、套圈、卡拉 OK、猜谜等活动，具体实施方案如下。

一、人员组织

活动策划：（略）

活动总指挥：（略）

活动成员：（略）

后勤保障：（略）

二、时间安排

元月 23 日 15：30 开始至 17：30 结束。

三、主要分工

1. 杨××负责活动当晚晚会节目的策划、组织、实施。

2. 主持人：李××

3. 工作人员由管理处不当班员工担任。

4. 活动的后勤保障、接受报名、购买奖品及活动的宣传组织比赛用品由陈××负责。

四、场地安排

会所。

五、活动内容

1. 组织有文艺特长的老年人进行表演，主要有太极、剑术、秧歌、二胡演奏等（时间安排 1 小时，负责人王××）。

2. "套圈"与公园内的操作相同，奖品为可乐、玩具小汽车、公仔、打火机、车用纸巾等物（由××公司赞助）。

3. 猜谜活动的操作方法为在活动中心现场悬挂两百条谜语（事先用彩纸写好），由业主自行猜，猜中后拿着纸条到服务处领取奖品。

六、奖品设置

当天活动参加人员有小礼品赠送，尽力做到人手一份。

七、费用预算

序号	物品	单位	数量	单价（元）	合计（元）
1	闪光彩灯	条			
2	红灯笼	个			
3	礼品（老年人纪念品）	盒			
4	铅笔、圆珠笔等文具	个			
合计					

××物业管理有限公司

管理处

____年__月__日

6.3.5 社区文化活动开展前的宣传

活动前做好小区居民的宣传动员工作，特别是动员一些积极分子进行活动前的排练和预演，以提高社区居民的参与热情。

（1）动员积极分子参与。物业管家平时就要了解业主（用户）中有哪些文化爱好者，与他们进行沟通，征求他们对社区文化活动的意见，邀请他们策划、组织、参与各类活动，按表6-4所示的要求填写，便于统计。

表6-4　社区文化积极分子名单

序号	姓名	爱好或特长	房号	联系电话	备注

（2）将活动广而告之。开展社区活动必须让所有人知晓，所以物业管家可以在公告栏上以通知或邀请函的形式发布出来。

6.3.6 社区文化活动现场的控制

（1）保安员要在现场维护秩序，确保活动现场的安全。

（2）活动时物业公司要组织专人进行现场报道，保存活动过程的影像资料，及时进行一些必要的观众采访，收集报道素材。

6.3.7 社区文化活动结束后的工作

（1）社区文化活动结束后，要及时组织人员对活动现场进行清理并填写"社区活动记录表"，对活动进行总结。

（2）物业管家填写"社区文化活动效果评估表"，对活动情况进行效果评估及总结。

6.4 社区文化的宣传

6.4.1 社区文化的宣传措施和手段

物业管家可以运用如表 6-5 所示的措施和手段来实施社区文化宣传。

表 6-5 开展社区文化宣传的措施和手段

序号	措施／手段	运用举例说明
1	宣传栏、告示栏	物业公司每月出版一期宣传栏，宣传栏将以图文并茂、生动活泼的形式展现在业主的眼前 每栋大厦入口处都设置告示栏，将一些业主委员会的通知、物业公司的通知、提示等及时通告给业主，与业主形成良好的沟通氛围
2	报刊媒介	阅览室将订阅相关报纸、杂志，供业主免费阅览，了解相关政策法规和社会百态
3	VI 标志系统	设计具有公司特色的 VI 标志系统，包括服装、工牌、导示牌、警示牌、停车场标志等，必要时给予重新更换。通过 VI 标志系统充分展示公司的形象品牌以及明示业主需遵守的规定，如一些温馨警示牌，提醒业主要爱护小区花木
4	信息发送屏	视具体情况，在合适的时间完善小区的信息显示屏，除发送一些紧急通知外，同时将随时发送一些时间、天气预报、生活常识、重大事件等
5	散发宣传资料	每逢较大节日、事件，以传单的形式向各家各户散发宣传资料
6	家访、座谈	每当接到业主的投诉和维修，处理完后，物业公司都将按公司的相关要求对业主进行回访，以便及时了解业主的需求 定期举办一些座谈、宣讲活动，组织业主对物业管理法律法规、业主公约、业主委员会的作用、各项管理制度等展开讨论
7	背景音乐系统	在小区内各绿化隐蔽处安装音响设备，经常播放音乐、诗歌。让匆匆回家的业主进入居住区就能听到悠扬的音乐，除去一天的疲惫。背景音乐系统也可作为紧急广播使用
8	其他	除了上述宣传手段，还可以通过社区文化活动、竞赛等途径开展宣传工作。如通过环保知识竞赛让业主了解一些环保知识，通过消防演习生动形象地宣传消防应变措施

6.4.2 社区宣传栏的管理

6.4.2.1 宣传栏的管理要领

（1）宣传活动应有计划，及时告知重大节日宣传庆贺、特殊情况。

（2）每一期的宣传栏都应该由专人负责，并提前策划、准备，最好是月月有更新、内容有创新，重点宣扬小区"真、善、美"的行为，使之成为社区一道亮丽的风景线及社区居民的一份精神大餐。

（3）对有损社区形象及不符合要求的宣传要及时给予修正、更换。

（4）应对每期的宣传栏进行编号和登记，记录出版日期、刊数、内容等，并拍照、备案存档。

6.4.2.2 宣传栏的内容要求

宣传栏的内容可以从以下几个方面着手，具体如表6-6所示。

表6-6　宣传栏的内容要求

序号	要求	详细说明
1	宣扬社区新气象，反映广大居民身边的事物	结合当前国际形势，注重政治性和思想性，又要及时反映社区文化、物业公司的企业文化、员工们的工作及生活等。这样既激励了工作勤奋、成绩优秀的好员工，解答了居民疑问及各类热点问题，又培养了大家的社会公德，提高了社区居民的生活素质
2	生活保健、日常起居及旅游指南类的一些常识	根据一般物业的居住情况来看，在物业管理工作中，老年人和小孩是主要的服务对象。因此，每一期的宣传内容要有生活保健、日常起居及旅游指南类的一些常识。同时还要添加一些娱乐性、趣味性的内容。这样既活跃了宣传版面的气氛，又增添了宣传内容幽默、风趣的内涵
3	居民心声、新闻等方面的内容	在每一期的宣传内容中增添一些诸如"居民心声""新闻连载"之类的内容，就更能将宣传栏办得有声有色，从而贴近居民生活，促进沟通与交流

6.4.2.3 宣传栏的设计要求

宣传栏的设计要求如图6-6所示。

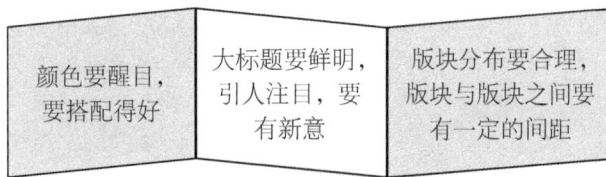

图 6-6　宣传栏的设计要求

6.5　营造节日气氛

每逢盛大节日，如春节、中秋节，物业小区都要对小区进行一番布置，营造浓厚的节日气氛。

6.5.1　制定节日布置方案

物业管家需要事先制定节日布置方案，然后按方案来布置现场。以下提供一个范本供读者参考。

【实战范本 02】小区春节布置方案

小区春节布置方案

1. 目的

春节是中国的传统节日之一，物业公司是营造小区节日氛围的主体。通过布置可以营造一种良好的生活环境，突出表现物业公司的人性化管理，提升物业公司的形象，也是迎合业主对居住环境品质的需求。

2. 布置原则和基调

高雅、温馨、喜庆。

3. 布置范围

园区门口、公共区域及各单元门口、水池景观、服务中心接待台、公共绿化等。

4. 布置方案一

4.1　园区主入口

（1）出入口中央位置设置大型节日背景展板，以暖红色为基调，并采用中国传统的新年元素。

133

（2）以红布垫底布置仿真爆竹、狮子头、福字、LED 桃花灯等组合作堆头装饰。

（3）可用盆花烘托气氛。

4.2 单元门口

（1）两旁粘贴福字。

（2）天花扣板挂置中国结、串连灯笼、年鱼等装饰物。

4.3 人行岗、车岗

（1）门楣左右端悬挂仿真爆竹，顶梁终端挂置倒福、传统中国结。

（2）玻璃雨棚四边角布置红色圆灯笼，彰显喜庆氛围。

4.4 景观水池

（1）立面外沿用 LED 灯带进行包边，打造夜间明亮的装饰效果。

（2）放置红色睡莲、荷花，衬托水景之美。

（3）水景池边休闲区域放置以喜庆色调为主的大型节日展板，结合营造传统气氛。

（4）布置暖红色桃花树，以时花围绕进行衬托点缀。

4.5 物业服务中心及服务台

（1）玻璃门张贴年味窗花贴纸，挂置中国结。

（2）台面布置仿真蝴蝶兰、台灯、象征性吉祥物等饰品加以衬托。

4.6 公共绿化带

（1）园林主干道布置园林灌木、花基，采用暖色调，间隔铺设 LED 网星灯。

（2）晚间开灯，打造夜间明亮的 LED 园林装饰效果。

4.7 园林主干道

（1）通过节气灯笼渲染浓厚的节日气氛。

（2）从主入口处开始悬挂红色灯笼，拉网式延伸铺通至园林主干道，打造灯笼通道效果。

4.8 园区宣传栏

（1）园区宣传栏更换节日元素海报。

（2）以简单的暖红色基调进行点缀布置，向业主传递节日祝福。

5. 布置方案二

5.1 大门口

（1）出入口中央位置设置大型节日背景展板，以暖红色为基调，并采用中国传统新年气氛元素，以红布垫底布置仿真爆竹、狮子头、福字、LED 桃花灯等组合作堆头装饰，用时花进行围绕。

（2）大门岗摆放矮株四季桔（50 厘米高）两株，两侧景观水池采用间色法（红黄相间），以四季桔为首牵引布置时花进行点缀衬托。

（3）景观水池立面外沿用 LED 灯带进行包边，打造夜间明亮的装饰效果。从整体感官上营造出一种高雅、温馨、喜庆的节气氛围。

5.2　客户服务中心、大堂

（1）各大堂玻璃门布置以传统节日气氛元素为主的玻璃窗花（静电贴），体现节日气氛。

（2）服务中心玻璃门张贴新年元素玻璃窗花，顶梁中间悬挂倒福，左右挂置仿真爆竹。

（3）入口处摆放矮株四季桔两株，以时花分色进行围绕。

（4）前台处设置新春元素组合堆头，即 LED 桃花、金元宝、仿真爆竹、悬挂利是封等。

（5）天花扣板挂置中国结、串连灯笼、年鱼等装饰物。

（6）台面布置仿真蝴蝶兰、台灯、象征性吉祥物等饰品加以衬托，吉庆双喜，营造节日高雅气息。

5.3　人行岗、车岗

（1）人行岗的门岗、门楣左右端悬挂仿真爆竹，顶梁终端挂置倒福、传统中国结。

（2）车场岗亭玻璃雨棚四边角布置红色圆灯笼，彰显喜庆氛围。

（备注：人行岗中段布置中国结长度控制在 40 厘米以下，仿真爆竹长度为中国结的 2 倍，以此协调整体布置在感官上的和谐效果。）

5.4　公共绿化带

园林主干道布置园林灌木、花基，采用暖色调，间隔铺设 LED 网星灯，晚间开灯，打造夜间明亮的 LED 园林装饰效果，在体现节日氛围的同时营造温馨、浪漫和喜悦的氛围。

5.5　园林主干道

小区园林主要通过布置节日灯笼来渲染浓厚的节日气氛。从主入口处开始悬挂红色灯笼，拉网式延伸铺通至园林主干道，打造灯笼通道效果。营造出一种欢快、温馨、惬意的新春气氛。

5.6　人行出入口、景观水池

（1）人行出入口大门位置两旁放置矮株四季桔，沿着两旁靠墙处采用间色法牵引铺设时花。花丛布置 LED 暖色渔网灯，晚间亮灯。

（2）园区景观水池放置红色睡莲荷花，以衬托水景之美。水景池边休闲区域放置以喜庆色调为主的大型节日展板，结合传统气氛的营造，布置一株暖红色桃花树，以时花围绕进行衬托点缀，烘托节日喜庆氛围。

5.7 大堂门、出入口

以传统中国家庭式门面布局为主，大堂玻璃门张贴以新春吉庆元素为主的年味窗花，同时在每栋大堂出入口顶梁各悬挂两个大红灯笼，体现节日气氛，营造高雅、简洁的装饰风格。

5.8 人行主入口、架空层

（1）在人行主入口位置两侧花基间色布置喜庆色调（红黄相间）时花，主入口内摆放两米左右高的朱砂桔一株，以时花和 LED 灯围绕，悬挂利是封、仿真爆竹、中国结等新春元素小挂件。

（2）主入口架空层顶梁张贴倒福，两侧挂置仿真爆竹、灯笼、中国结等，凸显浓厚节日气息。

5.9 物业服务中心

玻璃门张贴年味窗花贴纸，挂置中国结。

5.10 园区宣传栏

园区宣传栏更换节日元素海报，以暖红色基调为准，在向业主传递节日祝福的同时，营造社区节日氛围。

6.5.2 节日布置实施

（1）按照节日布置方案，准备好各种装饰物品，联系采购部门采购。

（2）工程维修部、客服中心负责将装饰物品放在相应的位置上，工程维修部须提前将电线、电路等布置到位，并由专人检查安装及调试情况。

（3）节日期间，保安员应注意维护秩序，在巡逻时注意有安全隐患的地方，防患于未然。

6.5.3 节日结束后的工作

（1）活动结束后，客服中心填写"社区文化活动效果评估表"，对节日布置情况进行效果评估及总结。

（2）安保部及工程部负责将物品收回，由行政部负责清点入库，以备下次使用。

学习思考

1. 社区文化建设内容有哪四个方面，其具体实施要点是什么？

2. 社区文化活动开展形式有哪些？

3. 社区文化活动开展的要求是什么？

4. 社区文化活动开展过程中存在哪些问题，其相应的解决方法是什么？

5. 制定社区文化活动方案时应考虑哪些因素？

6. 开展社区文化活动前的宣传工作有哪些？

7. 如何对社区文化活动现场进行控制？

8. 社区文化活动结束后的工作有哪些？

9. 社区文化宣传有哪些措施和手段？

10. 宣传栏的管理要领是什么？

11. 宣传栏的内容要求是什么？

12. 节日结束后的工作该如何开展？

学习笔记

_____

_____

_____

_____

_____

_____

_____

第七章　物业管理费催缴

▶ **学习目标**

  1. 能描述物业管理费的构成、物业管理费的确定要点。

  2. 能概括顺利收缴物业管理费的措施、正常收缴程序，能每月按程序正常开展物业管理费的收缴工作。

  3. 能说明物业管理费的催缴程序、催缴方式、催费工作流程，能有效实施催缴。

  4. 能通过电话向业主（用户）催缴物业管理费，并解决催缴过程中的各种问题。

  5. 能针对不同的业主（用户）运用催缴技巧收取物业管理费。

  6. 能说明物业管理费催缴过程中的各类问题，可以根据这些问题整理催缴话术。

导读 >>>

物业管理费的收缴是一个比较敏感的问题，近两年来经常会出现一些业主拒交物业管理费的现象。如果物业管理费收缴不上来就会严重影响物业公司的日常经营，所以，物业管家必须掌握这方面的相关知识及管理措施。

7.1 物业管理费催缴概述

7.1.1 了解物业管理费的构成

物业管理费是指物业公司按照物业服务合同的约定，对房屋及配套的设施设备和相关场地进行维护、养护、管理，维护相关区域内的环境卫生和秩序，而向业主收取的费用。物业管理费一般由以下一些项目构成。

（1）公共物业及配套设施的维护保养费用，包括外墙、楼梯、步行廊、升降梯（扶梯）、中央空调系统、消防系统、保安系统、电视音响系统、电话系统、配电器系统、给排水系统及其他机械、设备、机器装置及设施等。

（2）聘用管理人员的支出，包括工资、津贴、福利、保险、服装费用等。

（3）公用水电的支出，如公共照明、喷泉、草地淋水等。

（4）购买或租赁必需的机械及器材的支出。

（5）物业财产保险（火险、灾害险等）及各种责任保险的支出。

（6）垃圾清理、水池清洗及消毒灭虫的费用。

（7）清洁公共区域及幕墙、墙面的费用。

（8）公共区域植花、种草及其养护费用。

（9）更新储备金，即物业配套设施的更新费用。

（10）聘请律师、会计师等专业人士的费用。

（11）节日装饰的费用。

（12）行政办公支出，包括文具、办公用品等杂项以及公共关系费用。

（13）公共电视接收系统及维护费用。

（14）其他因物业管理而发生的合理支出。

7.1.2　物业管理费的确定要点

物业经理可根据物业管理工作中发生的费用，确定收费的项目，并明确其使用范围。确定合适的收费标准并不是一件容易的事，物业经理可通过表 7-1 所列的几种途径来确定。

表 7-1　物业管理费的确定途径

序号	途径	操作办法
1	政府部门审定	物业管理中的重要收费项目和标准，由房地产主管部门会同物价管理部门审定，通过颁发法规或文件予以公布并实施。如售房单位和购房人交纳住宅维修基金、物业管理费及建设施工单位提交保修费等重要项目，由房地产主管部门提出标准，并经物价管理部门核定后执行
2	会同业主商定	物业管理是由业主委托的契约行为，因此有的收费标准可由物业公司将预算提交业主管理委员会讨论、审核，经表决通过之后，就是合理的收费标准。此时，物业公司应及时拟订一份物业管理费标准审议会议的决议，发给每位业主（用户），并且从通过之日起按这一标准执行。物业公司在每次新的费用标准通过之后，只要将每一费用项目的标准一次性向业主公布，在以后每月发放"收费通知单"时，只通知费用总额就行了
3	委托双方议定	对于专项和特约服务的收费，诸如维修家电、接送孩子、代送牛奶、清扫保洁等项目，可由委托人与物业公司双方议定。根据提供服务的要求、不同的管理水平，确定不同的收费标准

7.1.3　顺利收缴管理费的措施

为了顺利收缴物业管理费，物业经理应该采取一些积极的措施，如将物业管理费进行公示、在入住之初与业主签订合同、获得业主委员会的协助、每月进行财务公开等。

7.1.3.1　将物业管理费进行公示

物业管理费公示是为了让业主充分了解物业收费项目、服务内容及计费方式，增加透明度。物业管理服务收费公示栏如表 7-2 所示。

表 7-2　物业管理服务收费公示栏

收费单位：　　　　　　　　管理处负责人：

价格投诉电话：　　　　　　住宅局投诉电话：　　　　管理处联系电话：

收费项目	服务内容	实际收费标准计费方式		收费依据	价格管理形式
物业服务收费	物业管理单位接受物业产权人、使用人委托对房屋建筑及其设备、公共设施、绿化、卫生、道路、治安和环境容貌等项目开展日常维修、修缮、整治服务	××山庄	每平方米____元/月		政府指导价
		××多层	每平方米____元/月		
		××小高层	每平方米____元/月		
本体维修基金	房屋的外墙、楼梯间、通道、屋面、上下水道、加压水泵、电梯、机电设备和消防设备等本体公用设施的养护和维修改造工程项目	××多层	每平方米____元/月		政府指导价
		××电梯小高层	每平方米____元/月		
水费（包括排污费）	代收	××山庄	____元/每立方		政府定价
		××花园	____元/每立方		
加压排污费	××花园、××山庄需加压供水	××山庄	____元/每立方		政府指导价
		××花园	____元/每立方		
电费	已抄表到户，供电局直接收取	××山庄	____元/度		政府定价
	代收	××花园	____元/度		
停车费	提供车辆停放服务，不承担保管责任	月卡车	____元/月		政府指导价
		停时车	24小时内/____元		
装修保证金	装修保证金收取时间不超过三个月，验收合格后退还	施工队	____元/户		政府定价

（续表）

收费项目	服务内容	实际收费标准计费方式		收费依据	价格管理形式
装修垃圾清运费	清运装修户的装修垃圾	业主	＿＿＿元/户		政府指导价
装修工人证件工本费	对装修人员出入实行持证管理，办证工本费用	5元/证			政府指导价

说明：（1）服务标准见物业管理公司服务承诺。

（2）收费对象是服务项目对应的业主（租户）。

（3）未经公示的项目不得收费，本公示之外的其他市场调节价项目另行明码标价。

7.1.3.2　入住之初与业主签订合同

在管理公约中约定物业公司对长期不缴费用户可采取的措施，如可停止服务等。在业主入住之初一定要与之签订合同，最好是办理银行委托手续。

7.1.3.3　争取业主委员会的支持

加强与业主委员会的沟通与联系，争取得到业主委员会的支持。业主委员会劝导业主比较有说服力。

7.1.3.4　做好宣传教育

在业主中树立正确的缴费意识，物业公司收取管理费是为了保证小区内的正常运作，是为了保护全体业主的共同利益。

7.1.3.5　实行财务公开

实行财务公开，是为了让业主在明白物业管理费的去向后，更愿意缴纳管理费。以下提供一个范本供读者参考。

【实战范本】物业服务项目收支情况公示

物业服务项目收支情况公示

尊敬的业主：

为维护全体业主的知情权，便于业主了解小区本年度各项物业服务费用的收支情况，根据《物业管理条例》的相关规定，现将20××年＿＿月＿＿日至20××年＿＿

月＿日的物业服务费用收支情况公示如下。

一、项目基本情况

1. 小区物业项目收费总住宅户数：＿＿户。

2. 收费标准：＿＿＿元／平方米·月。

二、物业服务费收支情况明细表

项目	发生金额（元）
一、物业服务费收支情况	
1. 本年物业服务费收入	
2. 本年物业服务费支出	
二、物业服务费收支余额	
三、年度项目支出明细	
1. 员工工资支出	
2. 员工会议餐费	
3. 公共给排水管道、阀门修理维护费	
4. 公共供电线路、照明灯具维修更换材料费	
5. 购买消防器材费	
6. 制作小区平面图、标识标牌	
7. 建造围墙铁丝网及购买工具	
8. 绿化养护管理承包费	
9. 新购绿化养护机器械费	
10. 首次接管物业修剪、清运绿化垃圾费	
11. 绿化养护购农药、化肥费	
四、本年末业主累计欠费	

三、物业服务事项说明

1. 物业共用部位、共用设施设备的日常运行维护与管理。

2. 公用设施和附属建筑物、构筑物的维修、养护和管理，包括道路、户外排水管道、化粪池、沟渠、池、井等。

3. 物业共用区域的环境卫生清洁。

4. 物业共用区域的绿化养护。

5. 物业管理区域的安保服务。

四、垃圾清运费特别说明

垃圾清运费是物业公司代环卫站收取，收取后的垃圾清运费交至环卫站，小区物业项目无权使用。

××小区物业管理委员会（盖章）

20××年__月__日

7.1.4 正常收缴程序

物业公司每月要将"收缴费用通知单"及时送达业主（用户）的手中，并由业主（用户）签收，物业管理费的正常收缴程序如图7-1所示。

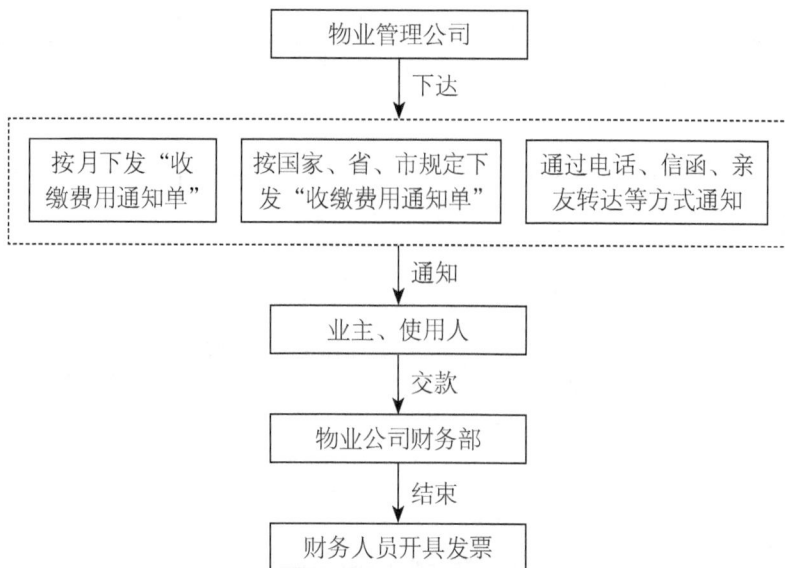

图 7-1 物业管理费收缴程序

7.2 物业管理费的催缴

7.2.1 物业管理费的催缴程序

当发生费用拖欠情况时，物业公司可采取以下措施进行追讨。

7.2.1.1 一般性追讨

当上月费用被拖欠时，物业公司在第二个月向业主（用户）发"催款通知单"。此单将上月费用连同滞纳金以及本月费用一起通知业主（用户）。如果第二个月的费用仍被拖欠，物业公司将在第三个月第二次发"催款通知单"，即一并通知此前两个月的费用、滞纳金和当月费用，并限期三天内缴清；三天后物业公司将根据管理公约停止对其服务（停止水电供应等）。如果业主（用户）在收费员上门催缴时仍然拒付，物业公司可根据管理制度及相应的法律程序处理。物业管理费的追讨程序如图7-2所示。

7.2.1.2 区别性追讨

物业公司对拖欠费用的业主（用户）要根据不同的情况采取不同的措施。对于欠费大户，物业管家要亲自登门进行解释和劝导，争取得到其理解和支持；对于一些"钉子户"，则要严格按照法律规定执行；对于一些确实有困难的"难点户"，也可以考虑适当予以优惠。

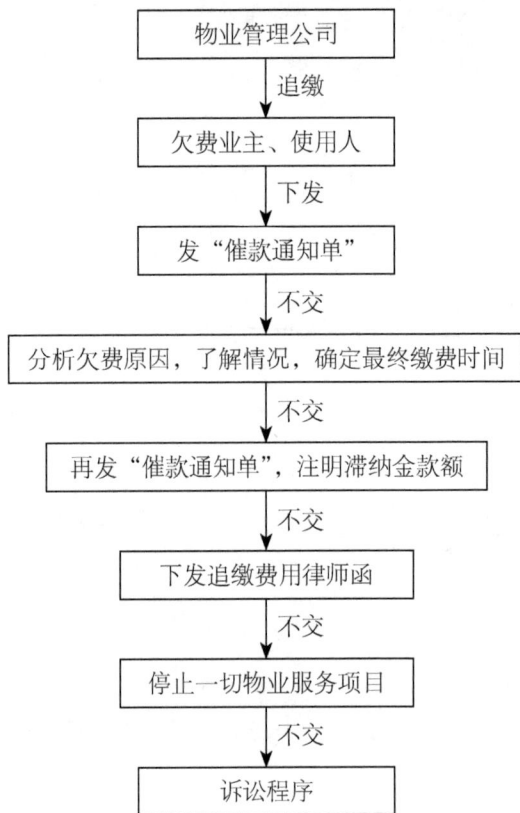

图7-2 物业管理费的追讨程序

7.2.2 催缴方式

7.2.2.1 上门催缴

（1）适用范围：已入住业主，或者入住率较高楼盘。

（2）优点：面对面沟通，便于建立关系，更具说服力，方便多次催缴。

7.2.2.2 银行划扣

（1）适用范围：业主已办理好银行划扣手续。

（2）要求：物业公司制定银行划扣方案。

7.2.2.3 电话催缴（当前主要催款方式）

（1）适用范围：入住、未入住均可。

（2）优点：适用范围广、快捷、便利、可多次使用。

（3）缺点：受通话时间、彼此情绪等的影响，催款效果不如面对面沟通好。

> 物业管理费催缴应贯穿日常工作中，甚至是每一次业主来访的接待中。

7.3 催费工作流程

催费工作流程如图7-3所示。

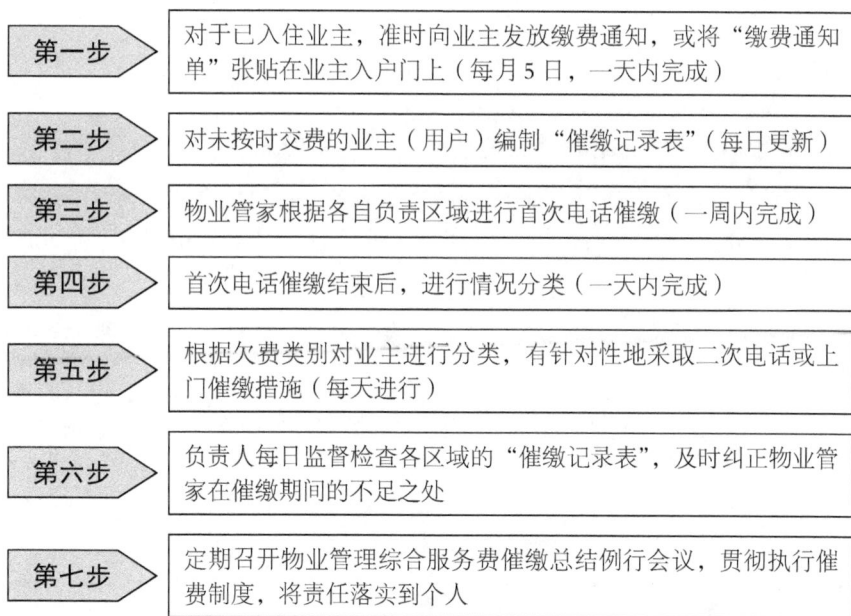

第一步	对于已入住业主，准时向业主发放缴费通知，或将"缴费通知单"张贴在业主入户门上（每月5日，一天内完成）
第二步	对未按时交费的业主（用户）编制"催缴记录表"（每日更新）
第三步	物业管家根据各自负责区域进行首次电话催缴（一周内完成）
第四步	首次电话催缴结束后，进行情况分类（一天内完成）
第五步	根据欠费类别对业主进行分类，有针对性地采取二次电话或上门催缴措施（每天进行）
第六步	负责人每日监督检查各区域的"催缴记录表"，及时纠正物业管家在催缴期间的不足之处
第七步	定期召开物业管理综合服务费催缴总结例行会议，贯彻执行催费制度，将责任落实到个人

图7-3 催费工作流程

催费流程的具体操作说明如下。

（1）催缴前根据实际约定的费用交纳时间，准时派发"缴费通知单"到业主本人，如无法送达本人及其亲属则派发到该户信报箱或通过信件、电话通知到业主。

（2）客户服务中心对未按时缴费的业主进行数量统计及情况分类，并编制"物业费催缴记录表"。"物业费催缴记录表"须明确以下内容：房号、业主姓名、欠费金额。

（3）根据欠费数量及欠费催缴难度，平均分配给物业管家，明确每位员工的催缴工作量。

（4）催缴前，物业管家必须全面了解各自负责的"物业费催缴记录表"，核查其欠费户是否存在历史遗留问题。

> 根据催缴经验总结，部分业主通常在催缴中会谈到以往的历史遗留问题，为使催缴工作有效，物业管家必须在催缴前先了解其是否存在历史遗留问题。

（5）催缴前，必须查询费用是否交清，以免误催，招致业主反感。对于已交纳费用的业主，物业管家须及时在"物业费催缴记录表"上划除该户，避免发生误催，引起业主反感。

（6）催缴中物业管家进行首次电话催缴时应以提醒为主。规范用语为："××先生/小姐，您好！我是××客服中心物业管家××，贵户××年度/半年度/季度的物业管理费已产生，我公司已将您需缴纳的各项费用明细单投入贵单元的信报箱内，请您注意查收，另外，需与您明确您交费的具体时间为××。"物业管家及时将通话情况详细记录在"物业费催缴记录表"上，注明业主回馈信息、致电时间、致电人。

（7）物业管家在一周内完成第一次电话催缴工作后，必须将"物业费催缴记录表"按要求进行分类，如表7-3所示。

表7-3　欠费业主类别

序号	类别	说明
1	近期交纳类	业主已明确具体交费日期
2	暂未明确类	业主无法明确时间和暂时联系不上的

（续表）

序号	类别	说明
3	无法联系类	停机、空号、错号或长期关机
4	异地出差类	业主长期在异地出差，短时间内无法回来
5	特殊拒交类	业主因配套设施不完善、服务不到位等原因拒绝缴费

（8）根据欠费类别，重新编制"物业费催缴记录表"，有针对性地采取二次电话／上门催缴措施，如表7-4所示。

表7-4　欠费业主类别的催缴措施

序号	类别	催缴措施
1	近期交纳类	在其承诺的交费日期前一天进行二次电话提醒
2	暂未明确类	每日进行电话催缴，直至对方转入近期交纳类
3	无法联系类	利用多种途径取得业主最新电话，进行上门催缴
4	异地出差类	每日进行电话催缴，引导对方采取异地汇款的方式交纳费用
5	特殊拒交类	进行重点跟进，了解业主反映的具体事因，及时向负责人反馈，由负责人指导其催缴措施

（9）物业管家于下班前交负责人查看每天的"物业费催缴记录表"；不催缴时，"物业费催缴记录表"统一放在客户服务中心资料柜中，不得外泄；掌握每天的催缴时间，利用工作的空闲时间催缴，一有空闲就催。

（10）每周催缴次数不得少于3次。每天最佳催缴时间为9:30（周末10:30）—12:00、15:00—18:00，催缴时，尽量先打电话座机，再打手机；每周四下午17:00客服部召开"物业费催缴总结例行会议"，讲评本周物业费催缴力度及不足之处，共同探讨催缴的最佳措施，推广行之有效的催缴方式。

（11）对于上述正常催缴方式无效的业主，物业管家将更换催缴时间，在催缴期间，如业主不接听电话，催缴间隔改为每30分钟一次。

（12）如业主未能在原承诺的时间内如期交纳相应的物业管理费，则采取发放快递邮件的形式进行催缴（注：在特快专递的内件品名中注明该业主欠费明细）。将催缴情况详细记录在"物业费催缴记录表"内，由负责人当天检查并签字确认。

（13）上述催缴方式仍无效的，则上报项目经理查找该业主的详细工作或家庭地址，由项目经理安排相关主管及客户服务中心人员亲临业主所在工作单位或家庭住址催缴。将催缴情况详细记录在"物业费催缴记录表"内，由项目经理当天检查并签字确认。如亲临业主工作单位或家庭住址催缴仍无效，由项目经理亲自登门催缴。如仍然无效，对拒交物业管理费的业主，采取发放律师函的催缴方式。将催缴情况详细记录在"物业费催缴记录表"内，由负责人当天检查并签字确认。

（14）对于在发放律师函限定的时间内仍然未交费的业主，采取不记名公示的形式警示业主。将催缴情况详细记录在"物业费催缴记录表"内，由项目经理当天检查并签字确认。在公示期（一周）内仍然未交费的业主，项目经理将具有代表性的欠费大户上报总经理，由总经理根据实际情况对该部分欠费业主进行法律诉讼。

"物业费催缴记录表"的内容如表7-5所示。

表7-5　物业费催缴记录表

序号	房号	业主	欠费项目	拖欠费用	合计欠款	催费时间			"催费通知单"张贴时间			约定缴费时间		
						第1次	第2次	第3次	第1次	第2次	第3次	第1次	第2次	第3次

7.4　电话催缴过程与问题解决

7.4.1　心理准备

7.4.1.1　认识几种情绪

物业管家在向业主催缴物业管理费的过程中往往有抵触、恐惧、怕拒绝的心理，对这些心理，我们要有正确的认识，然后加以调整。具体内容如表7-6所示。

表 7-6　催缴物业管理费的过程中的心理及调整

情绪	心理解析	表现形式	合理心态
抵触	对催缴工作排斥、不主动、不积极，甚至消极地认为业主就不应该、不可能交物业管理费	应付了事，效果不佳	物业管家的工作职责包括物业管理费收取；前期的维保修类工作固然重要，但缴纳物业管理费是业主对我们工作的肯定；那些因工程遗留问题拒交物业管理费的业主其实误解和混淆了物业管理费乃至物业服务的内涵
恐惧	对打电话给业主特别是催费工作心生胆怯和恐惧	打电话磨磨蹭蹭、羞羞答答，渴求业主理解（这是我的工作，某某大哥您就帮帮我吧）的言语表现	欠债还钱、天经地义；如果我是业主，别人给我打电话催费，我心里也会虚；打了再说，今后他们还需要我的服务；多打打电话就习惯了，不害怕了
怕拒绝	业主不交怎么办？业主提工程问题怎么办？业主骂我怎么办	业主提出刁难问题、无理取闹，管家便哑口无言。一旦遭拒，自信心受挫	不交拉倒，我把工作做好就行（将不缴纳业主的统计名单上报领导）；准备好应答思路（如工程遗留问题的解释）；对方要骂就骂，下次还给他打电话

7.4.1.2　坚定信心，调整策略，持续跟进

物业管家在电话催缴过程中就业主提出的问题要尽量做出诚恳的回答，对切实存在的、可以解决的问题进行快速跟进处理，以便下次电话催缴成功。

7.4.2　催缴准备

7.4.2.1　心理准备

放平心态，练习微笑，在谈笑风生中轻松催缴。

7.4.2.2　内容准备

（1）业主通讯录（含业主姓名）。

（2）交谈切入点（如以维修完成切入物业管理费催缴）。

（3）所辖片区工程问题台账（反映片区各户维修完成情况）。

（4）常见问题回答思路（稍后制定出物业管理费常见问题统一说辞）。

（5）回访记录表（尽可能详细记录每一次的回访情况、业主的要求或问题，以

便下次跟进）。

7.4.2.3　把握时机

（1）避免在吃饭或休息时间与业主联系，打电话时要礼貌地征询业主是否有时间或方便接听。

（2）周五是较好的催缴时机，便于业主周末前来缴费。

（3）有条件的话，可以在晚上打，人在此刻内心会较为平静。

7.4.3　自我介绍、确认身份

7.4.3.1　熟悉的人

对于和自己接触较多、相熟的、关系不错的业主，物业管家可以某某大哥（或叔叔、阿姨、大姐）直接切入，告诉对方公司已经开始收取物业管理费。

7.4.3.2　不熟悉的人

对于收房之后很少见到的业主，或是不认识物业管家的业主，物业管家首先要自报家门："您好，我是××物业公司的×××（或您片区的物业客户助理某某某或小某），请问您是×××户的业主×××先生（女士）吗？"然后切入正题。

7.4.3.3　注意事项

（1）语音语调适当，吐字清晰；

（2）在不确定业主性别的时候，可在确认对方身份后再行称呼；

（3）如果电话打扰了对方，应马上另约电话回访时间，礼貌结束通话。

7.4.4　通话切入

（1）节日问候。

（2）告知公司某项活动，邀请业主参加。

（3）各项通知、提示（如停水、停电通知，车位租赁等通知）。

（4）各类回访（独居老人、收楼慰问、满意度调查），在此类回访中切入物业管理费催缴的话题要特别注意是否合适。

（5）维修完成回访、销单回访。（在该类回访中切入物业管理费催缴的时机较好，可在业主前来确认工程问题时顺便缴费）

（6）其他。业主主动打电话给物业助理了解某件事时，刚好适时切入物业管理费催缴事宜。

7.4.5　沟通过程

告知业主来电目的是催缴物业管理费后，常见问题如下。

7.4.5.1　对缴费通知无异议

（1）清晰告知其欠费金额、欠费周期，以便其做好缴费准备。如该业主可能对收费起始日期有异议，最好不要提及。

（2）告知其缴费截止日期，必要的时候可告知滞纳金事宜。

（3）确定缴费时间。最好不要询问业主什么时候有空过来，因为该问题大多无效，应主动给业主提出选择题让业主做答。如"王大哥，您看您是这个周六还是周日过来呀？"确定日期后，紧接着确定具体时间点。"您是周六早上还是下午过来啊？因为周末工作比较多，前来缴费的业主较多，到时候我协调好工作带您缴费。"

主动引导业主回答问题、确定时间，不要给其过多的思考和疑问时间，快速结束通话。

7.4.5.2　对缴费通知有异议

（1）对物业管理费的起始日期不认可

耐心倾听其诉求，在表示理解对方的疑问或异议的同时，解释物业管理费收取期限的标准。（业主已签合同按交楼期开始收取，且物业前期已开始服务；工程遗留问题属正常问题，可在收楼后维修完成。）

（2）无工程遗留问题或业主因无时间未收楼

这是业主的问题。不收楼不代表不按合同约定收取物业管理费。

（3）未入住能不能少交物业管理费

解释要点：未入住但物业服务照常进行，物业服务不只是针对个体业主，而是属于全体业主；空置房的物业管理费收取符合国家法律规定（必要的时候可介绍国家关于空置房物业管理费收取标准的法律条文）。

（4）工程遗留问题未得到彻底解决

该问题属于较难说服的问题，但仍需解释。

　　工程遗留问题（小问题）属正常问题，在收楼后业主通过验房保修的形式，物业会敦促开发商进行整改，且在维修期内，业主所提问题，开发商都会负责安排维修。对于那些切实可以维修的小问题，物业管家可对业主做出维修完成期限承诺，让业主先行安心缴费。此类业主常把工程问题与物业管理费相混淆，一部分业主通过解释可以做通工作，另一部分业主则坚持要处理完工程遗留问题才缴费。针对此类业主，催缴后，物业管家应马上跟进该户问题的处理工作，越快越好，处理好了问题，答应过缴费的业主自然很少反悔。

　　在与业主沟通的过程中，物业管家应该反复解释工作流程，特别是从业主报修问题到维修完成期间的工作流程。目的在于，向业主表明物业工作的规范和严格，以及业主所认为的小问题的处理流程和时限，争取让业主理解和支持物业工作。

　　紧接着，确定缴费时间。尽量让业主确定一个较具体的时间，这样业主来的可能性较大。即使不来，也利于下次电话催费的切入。

　　（5）对物业服务有意见

　　①对某个员工的服务有意见：表达歉意和改善的态度。

　　②对某项服务不满意，如对电梯前室、楼道卫生不满意。告知业主马上做出整改，同时可以询问业主：您对我们的服务还有没有其他意见或建议？（让业主感受到物业公司对工作的负责态度，缓和其内心的抱怨或不满情绪）。

　　③抱怨配套设施不完善：站在业主的角度，表达对业主的理解，同时耐心向业主承诺物业服务与配套设施的关系和区别。（配套设施属于开发商的问题，开发商的承诺与物业服务是有区别的，必要的时候可向业主解释开发商和物业公司是独立运营的两个子公司）。针对业主的抱怨，还应向业主表明，将业主的心声反映给公司领导，领导会与开发商进行沟通，维护业主的权益。

7.4.6　通话结束

7.4.6.1　做好记录，以便下次跟进

　　（1）在得知业主前来缴费的时间后，无论是本周还是月末，物业管家在预缴费前一天，还应给业主做一次回访。如"某某先生，上次给您打电话，您说明天过来缴费，明天早上您大概几点过来？我们提前给您做好安排。"

　　（2）对于对缴费有意见的业主，要做好详尽记录，便于下次回访时有良好的切入点。在下次回访之前，要对业主提出的问题或意见做出整改或回答准备，这样才能在下次回访之时，能给业主一个良好的答复和交代。下次电话沟通的时候，汇报

完整改情况后，继续向业主发出缴费邀约，确定缴费时间。如"李女士，上次您提的问题我们这边都做出了整改，您看您是这个周六还是周日过来交一下费，您是刷卡还是交现金？"

7.4.6.2　不断总结电话沟通经验和沟通技巧

（1）调整沟通思路。对于不同的业主采用不同的沟通内容。

（2）不断提升自己的电话沟通技巧，如语言表达能力、解释能力和应变能力。

（3）不气馁，继续努力。

7.5　不同对象的催缴技巧

7.5.1　技巧一：适时提醒

7.5.1.1　适用对象

该技巧适用于未缴费的全体业主。

7.5.1.2　技巧说明

由于工作生活繁忙，业主常常忘记缴纳物业管理费，更有甚者，觉得迟交一两个月也没什么。所以，物业管家应从每月5日起，按照时间节点及客户类型，通过短信、微信、电话、上门等形式不断提醒业主，让业主明白不按时缴纳物业管理费是有人跟进的，打消客户"迟交无所谓"的念头。

7.5.2　技巧二：断其后路

7.5.2.1　适用对象

该技巧适用于满口答应却总不出现的业主。

7.5.2.2　技巧说明

很多业主认为物业管理费能拖就拖，接到电话之后含糊其词地表示"过两天来""有空就来""我知道了"等，他们往往都不会来交。对于这种业主，"断其后路"就成了物业管家将无用功变有用功的有效手段。如果业主以最近比较忙或不在本地为借口，物业管家则直接为其提供转账方式，并确定转账的时间；如果业主一直说"最近""这两天会来交"，物业管家则要和业主约定一个有效的时间，到了时间之后再次提醒业主，这样不仅使业主产生紧迫感，同时会让一拖再拖的业主产生失信的感觉，最终达到有效催缴的目的。确定时间后一定要按照时间持续跟进。

7.5.2.3 话术

像您平时比较忙（人在外地）的，也可以考虑银行转账啊，您看哪个银行比较方便啊？××先生，打扰您了，我来跟您确认一下转账的时间和金额，避免中途有什么失误。那行，下周二我让财务查账，到了我通知您（用意：告知业主，我会继续跟进这个时间，如果没有到，我还会再"骚扰"您的）。

7.5.2.4 案例

某业主何先生之前有几个月的历史欠费。电话打过去一直说"没空""知道了"或"有时间就交"。在沟通过程中，物业管家建议业主通过转账方式支付，"何先生，您这样比较忙的话可以考虑转账，您在外地回来一次也不方便。我把公司账号发到您手机上。"发送账号后，过半小时，再次联系业主。"何先生，您收到账号了吧，您看您哪天有空转呢，我好让财务帮您注意着，及时入账"。何先生同意了两天后转账。两天过后物业管家继续打电话："何先生，您已经转账了哈，我跟您确认一下转账的时间和金额。"（一定要非常诚恳地认为他已经转账了，哪怕你确定没有）如果他说还没有转，则继续说："那您看这个周末之前可不可以啊？到时候我再跟您确认……"就这样，他第一次说不好意思还没有转账，第二次还说没转，到第四次就不好意思再说了。几次下来，何先生不仅付清了前几个月的欠费，还预付了半年的物业管理费。

7.5.3 技巧三：苦肉计

7.5.3.1 适用对象

该技巧适用于欠费时间较短、平日联系多、有交情、有同情心的业主。

7.5.3.2 技巧说明

业主并非恶意欠费，多次催缴中能感觉到对方有耐心且答应爽快，却一直以工作忙、忘记交费为由，不及时缴纳物业管理费，当然也没有明确表示拒交。面对此类业主，物业管家可以把自己的难处、尴尬、责任、时限等情况告知业主，以获得理解。

7.5.3.3　话术

"我知道您不是有意欠费，只是前几天领导当着部门所有同事的面，提到我负责的片区收费率是部门最低的，个人考核也受到了较大影响。连我也开始怀疑自己的工作能力了……"

"说实话，我也知道您很忙，我也不希望天天给您电话打扰您工作、休息。每次给您电话通知缴费，打多了，我自己都不好意思了，真的让我很为难……"

"今天我们部门开会，我还挨批来着……"

7.5.3.4　案例

某小区某房的梁先生人在外地，工作人员多次电话通知其交费，梁先生总以满怀歉意的口吻说自己工作太忙，没时间交，并保证在一定时间内汇款，却一直未能及时兑现。年底，工作人员再次联系业主，电话里十分委屈地提到，在部门年终总结时被点名批评片区收费率很低，工作考核因此受到影响，绩效工资减了不少；同时也在审视自己，自查哪里做得不到位，给业主带来了不好的感受，以至于不缴费。梁先生听闻连称理解，表示工作人员认真负责，认同其工作态度，并于当日及时汇款，还预存了多月的物业管理费。

7.5.4　技巧四：地毯搜索

7.5.4.1　适用对象

该技巧适用于无法取得联系的业主。

7.5.4.2　技巧说明

业主在买房、交房时留下了个人信息，但出现欠费时，物业管家却无法通过当初留下的电话号码及时联系业主缴费，这时就可以想办法利用其他途径查询业主的联系方式。例如，可与开发商联系，获得业主买房时留下的电话号码，或购房时身份证复印件上的地址；还可以利用中介，新老业主通过中介进行房屋买卖交易时必定留下联系电话；针对已交房、未装修入住的业主，可查看业主是否办理房屋租赁转让服务，登记相关信息，透过租赁转让委托人联系业主；通过业主亲朋好友、工作单位等渠道通知业主交费、获得联系方式。

7.5.4.3　话术

联系业主的朋友或亲人时，可以这样说："现在有关于房屋的重要事宜需要直接与业主取得联系，打电话一直打不通，您看您那儿有业主其他的联系方式吗？"

7.5.4.4　案例

业主罗先生物业管理费的预付金不足，工作人员拨打罗先生前期在物业、开发商留下的号码，但电话语音均提示停机、号码不存在。多次拨打未果后，工作人员根据资料显示罗先生人在外地，了解到大多外地客户购买房屋用于投资，便试着从房屋转让信息里寻找罗先生的相关信息。果不其然，发现罗先生通过物业办理了转让信息发布，委托其朋友代理房屋转让事宜。工作人员随即联系其朋友邓先生，告知有重要事情需要联系到罗先生（欠费毕竟不是好事，因此工作人员在电话里并没有直接提到罗先生欠费）。邓先生似乎从物业人员的语气中感觉到了事情的重要性，随后留下了罗先生的电话。物业工作人员通过邓先生留下的号码及时联系上罗先生，罗先生表示刚从国外回来更换了新号码，答应尽快交费。

7.5.5　技巧五：统一战线

7.5.5.1　适用对象

该技巧适用于因房屋问题拒交物业管理费的客户。

7.5.5.2　技巧说明

房屋质量存在问题，导致业主对开发商或施工方不满，物业管家可充当业主与第三方的润滑剂，加强感情联络，博得业主信任。对于因整改拒交物业管理费的业主，物业管家应通过及时沟通让业主感受到物业的服务，进而获得认可和信任。对于"谈费色变"的业主，物业管家可从其他角度切入，如通知业主收取邮件、通知参加社区活动，或提供其他增值服务等，注意在与业主的联络中一定要让业主记住并认识您，这是培养信任的前提条件。涉及赔付的业主，可请开发商给予一定支持，将结清物业管理费作为赔付协议的处理项之一，以此督促业主缴费。对于在整改过程中已建立客情关系的业主，必要时物业管家可表达难处，获得业主同情。

7.5.5.3　话术

××先生，关于××整改问题，我们会在整改进度及整改质量方面做好管控，这方面请您放心。同时，对于您提及的赔付事宜，我们建议您先做整改，待整改完毕后，我们会协助您解决这类问题。对于整改过程，我们将随时与您保持沟通。

××先生，这个事情，小×肯定会尽全力帮您和开发商、施工方协商，同时希望××先生也能配合我们……

7.5.5.4　案例

某小区 10 楼、16 楼业主墙纸发霉，多处存在整改问题，整改时业主情绪比较激动并表示拒交物业管理费。在整改过程中，物业管家有条不紊地跟进整改进度，稳定业主情绪，逐渐与业主建立信任。在业主提出赔付需求时，物业管家明确了物业公司的立场，表示会竭尽全力帮助业主减少损失。同时，物业管家不失时机地说："物业公司与业主之间的关系就像鱼水之情，双方需要互相信任，只有这样物业公司才能更好地帮业主解决问题。"渐渐地，业主信任了物业公司，虽然整改过程令业主恼火，但业主仍不忘对物业公司的工作表示感谢。后来，物业管家多次与业主协商，必要时表达难处，获得了业主的同情，业主最终交纳了物业管理费。

7.5.6　技巧六：糖衣炮弹

7.5.6.1　适用对象

该技巧适用于曾经与物业公司发生过不愉快的业主。

7.5.6.2　技巧说明

某些业主由于对物业服务产生过不好的体验，从而拒交物业管理费。对于这类业主，物业管家一味地催缴，只会增加负面影响，而不催的话，又会使欠费金额越来越高。这时"糖衣炮弹"法就是一个不错的解决办法。如果业主对物业公司服务的不满，是源于物业公司且是可改正的，就要先更正业主不满意的地方，并及时将处理结果反馈给业主。对于此类业主的报修等要特别的敏感，物业管家可上门拜访或电话访谈，看看业主的报修是不是处理好了，是不是还有其他需要。当小区里组织活动的时候，物业管家可以短信、微信或电话的方式通知此类业主，让其感到自己是备受关注的。使用此招时，物业管家一定要注意适度，避免业主"恃宠而骄"。

7.5.6.3　话术

×先生，我今天看到您的报修，家里的下水道堵塞了啊。现在我们工程部同事帮您修好了吗？

×先生，以后家里有什么事你可以直接给物业客服中心打电话，现在我们小区正准备举行××活动，我看您家里有老人（小孩），有时间可以过来参加一下嘛，应该挺有意思的。

×先生，现在我们有××优惠活动，您可以体验一下，也给我们反馈反馈意见，您见多识广肯定比我们想得周到。

7.5.6.4 案例

某小区 16 栋业主因与楼上邻居发生冲突，工作人员一直没有协调好，导致该业主长期拖欠物业管理费。某天，物业管家小王看到该户业主的报修记录，便上门询问报修是不是已经处理好，对服务有什么不满意的。过后，每当社区有活动时，小王总是第一时间通知该业主。在与业主聊天的过程中，小王再次谈到与楼上的关系时，业主也不再强硬。问题解决了，业主也主动补足了拖欠的物业管理费。

7.5.7 技巧七：全民总动员

7.5.7.1 适用对象

该技巧适用于能联系上但一直以工作忙、不在家、没时间等原因拖欠物业管理费的业主。

7.5.7.2 技巧说明

业主并非恶意欠费，却迟迟不主动缴纳所欠费用。因电话沟通力度较小，所以，物业公司应充分利用各部门资源，关注业主动向，只要遇到业主就当面提醒他，以达到收回物业管理费的目的。

7.5.7.3 话术

××女士，很久没见您回来了。工作很忙吧！对了，提醒您一下，物业管理费每月 15 日交，别忘了哟！

××女士，物管软件显示您 × 月物业管理费暂未结清，是不是您比较忙，把这事忘了啊？

上门收费：××女士，因为您最近比较忙，没时间去客服中心，所以我们今天特意将收据（或发票）给您送上来。

7.5.7.4 案例

××业主自 20×× 年 1 月拖欠物业管理费，在多次电话沟通中，业主态度较好但一直以工作忙、不在家为由不交费，因业主经常在外地出差，无法预计其何时在家。物业管家发现业主有一车位，随即通知车管员，一旦发现该车位业主回来时，立即通知物业管家。2 月的一天，客服中心突然收到车管员 209 岗的通知，该车位业主已回来了。客服中心随即拨打业主电话，再次提及欠费事宜，并表示因业主较忙，就由客服中心上门收费。当客服人员赶到业主家中时，业主很不好意思地交了所欠费用，并表示日后一定按时缴费。

7.5.8　技巧八：公司行为——催费函

7.5.8.1　适用对象

针对某一个自身认为不公平或不合理的问题拒缴物业管理费（如房屋久未出租、公摊水电不合理等），在经过多次解释沟通（物业方无责任时），或已解决该问题（物业方有责任时），仍不肯缴纳物业管理费想借机得到好处或实惠的业主，适用这一技巧。

7.5.8.2　技巧说明

此技巧将物业管家与业主间的个人沟通行为转换为公司层面的正式行为，打消了业主"讨价还价""你们拿我没办法""能拖一时是一时"的错误想法。

催费函一定要附上该业主的缴费明细、欠费明细及缴纳方式的说明，以免业主答应缴纳后再查询，耽误缴费时间。催费函寄出一周内，物业管家不要主动联系业主，一周后，如业主未主动联系，物业管家应及时与其取得联系，了解情况。

物业管理费催缴函

致 ×××××_____栋_____房

尊敬的_____先生／女士：

您好！在广大业主的支持、理解和大力配合下，××物业服务各项工作开展顺利，并使物业最大程度得到保值增值。按时缴纳物业管理费是每位业主的义务，也是××××小区维持日常运营的基本保障，如您不能按时缴交，将会给小区物业服务的各项工作带来严重影响，小区公共秩序、环境卫生、公共维护保养及电梯、配电、消防、公共照明、绿化等设备设施运行将得不到有效的保障，并可能导致本物业贬值，侵害了已交费业主的切身利益。

经核查，您自____年__月至____年__月已累计拖欠物业管理费及公摊费用_____元（不含滞纳金），滞纳金从逾期之日起按每天千分之三计算。请您在____年__月__日前，主动到我司缴交拖欠费用并办理物业管理费托收手续（请携带工商银行卡或存折）。如逾期不缴交，我司将依照《物业管理条例》《××××前期物业服务协议》等相关规定，对贵户停止提供物业服务并通过法律途径追缴相关费用，请您慎重考虑诉讼可能给您带来的不利影响，及时缴交物业管理费。

若有不明之处，请致电××××物业服务中心咨询：0700-3132××、3132×××（工作时间：8：30—18：00）

（续）

> 我司将随时接受业主监督，不断改进工作方法，提升服务品质，竭诚为广大业主服务。感谢您的支持与理解！
>
> 　　特此函至。
>
> 　　　　　　　　　　　　　　　　　　　　　　×× 物业服务有限公司
>
> 　　　　　　　　　　　　　　　　　　　　　　二○　　年　月　日

7.5.8.3　话术

×× 先生（女士），小 × 和您沟通这么久，也是想解决这个问题，我一直认为能通过沟通解决是最好的，小 × 也不希望您和公司闹僵呀，这样对双方都没好处，是吧。话又说回来，公司肯定有它的制度和利益，您觉得呢……（用意：和业主统一战线，减轻业主对经办人的敌意）

×× 先生（女士），我觉得您还是来交了物业管理费好，您想，难道您交了费我就不帮您出租了吗，肯定不可能嘛。如果您不交，小 × 也没办法向公司交代嘛，按时缴费的业主都没帮，却帮没缴费的业主，您说这事说得过去吗。而且，您这么拖着，最后公司只有采取法律手段来维权，何必呢？要不这样，×× 先生（女士），小 × 帮您想想办法，看能不能向公司申请滞纳金的减免，在小 × 能力范围内的，我肯定会帮您争取。

7.5.9　技巧九：法律途径——律师函

7.5.9.1　适用对象

该技巧适用于所有关怀、催缴措施均无效，恶意欠费达三个月以上，发两封以上催费函无效的业主。

7.5.9.2　技巧说明

当多名业主同时符合律师函发放条件时，物业管家切勿同时发函，以免多人抱团。发函前，物业管家可提前以私人名义"透露消息"给业主，让他赶紧前来缴纳物业管理费。律师函里的缴纳时间最好定为离发函日两周。如到达律师函上约定的缴费时间，业主仍未主动联系，物业管家可联系业主，了解情况。在发放律师函的过程中，一定要让业主感觉这是从第三方律师事务所发出的。如果业主态度激动，物业管家可以解释发函是公司行为，如果业主能在一定时间内缴纳，可帮助其向公司申请从正式起诉名单中删除。物业管理费催收律师函范例如下。

物业管理费催收律师函

_____先生：

　　本律师受_____物业公司（以下简称_____物业）委托，依据中华人民共和国有关法律法规，就您拖欠物业管理费等违约行为，特向您发出如下律师函。

　　你所居住的_____物业小区___栋___单元___号（建筑面积___平方米）住宅，自___年__月__日至___年__月__日，你已欠缴物业管理费_____元（_____元／平方米计算），_____物业管理有限公司多次向您催收上述物业管理费，至今尚未缴纳。

　　按照《___物业服务管理协议》第___条第___款和《___规约》第___条的约定，如您不按协议约定的收费标准和时间交纳有关费用，___物业有权要求您补交并从逾期之日起按应缴费总额日____%的比例承担违约金。按此约定，您欠缴物业管理费相应的违约金为_____元。

　　根据以上事实，您拖欠物业管理费等相关费用的行为已严重违反《物业服务合同》的约定，严重侵犯_____物业公司权益，已构成违约，根据我国相关法律法规的规定应承担违约责任。

　　望您收到本律师函后，务必在___年__月__日前缴清拖欠的物业费和相应的违约金，望您能慎重对待！如您继续违约，本律师将视为您放弃双方最后友好协商的机会，本律师将依法起诉您，在追偿物业管理费的同时追究您因拖欠物业管理费应承担的违约责任及催款产生的诉讼费用！

　　届时，本律师将申请法院采取诉讼保全等措施，因本案诉讼给您的家庭生活和个人名誉造成不良影响，将由您完全承担！

　　最后，希望您积极履行上述给付物业管理费的义务，避免因司法强制执行措施而导致不必要的经济损失！

　　特此函告！

___律师事务所

___律师

___年__月__日

7.5.9.3　话术

　　××先生（女士），告诉您一个消息哈，公司可能要向一些欠费的业主发律师函。建议您还是早点把物业费用交一下。因为收到律师函，对您来说可不是一件好事啊。就算走上法庭，您也很难得到法院的支持，您的个人征信和生活也会受到影响。

若是业主仍不缴费，在发出律师函几天后，物业管家再遇到业主时可以这样说："很抱歉，我能够理解您的难处，这也不是我的意思，这是公司行为。如果大家都不交费，公司就很难为大家提供优质的服务。所以，公司迫不得已才发律师函的，还请您理解。要不，您今天就把物业管理费交了，我联系法务部门，申请把您从起诉名单中删除，这样我们也不用诉诸法庭了。"

7.5.9.4　案例

××小区1703业主王××以物业久未出租为由，长期恶意拖欠物业管理费，由于人在国外无法联系，在所有催费手段均无效后，物业公司发出律师函。律师函发出后第8天，王××主动打来电话。电话中王××异常愤慨，认为物业对久未出租有责任，且不应该走到诉讼这一步。物业管家沟通如下："王先生，您先别急，我知道公司最近是发了一批律师函，里边好像是有您。（告诉他这是公司行为），我知道您因为身居国外，回来一次确实不容易，因此才会欠费，但是公司也有资金方面的压力，好几百人等着吃饭呢，相信您也能理解吧。公司在拟定名单时只会考虑欠费时间的长短，要不这样，王先生，您看您能不能在明天之前把这个欠费补上，我这边向公司申请将您从正式起诉的名单里删除。（限定缴纳时间，暗示他如果不交，就会正式起诉，发律师函并非只是吓吓他而已）"经过沟通，业主在当天便缴清了所有费用。

> 在日常物业费缴纳过程中，业主常常会因为工作繁忙、人在外地、返修整改、没有入住等各种原因迟交甚至拒缴物业管理费。为了维持物业公司的正常运作，保障公司的合法权益，"催费"便成了物业管家必不可少的工作之一。

7.6　物业费催缴话术整理

物业管家平时要注意整理催缴话术，以不变应万变，使物业管理费的催缴工作更加得心应手、游刃有余。以下提供一些案例供读者参考。

7.6.1 跟风不交

情景描述：王女士因邻居没有缴纳物业管理费，因此也拒交相应费用。

话术切入点：业主跟风不交物业管理费，实际上是损害了其他已缴费业主的权利，物业公司有可能降低服务水平，业主会承担不必要的违约金和诉讼费用。公司第一批起诉的一定是恶意欠费的业主。

7.6.2 房屋漏水

情景描述：杨先生因家里漏水，地板和墙面毁损严重，遭受了巨大的经济损失。杨先生认为物业公司没有采取相应的维修措施，因此拒交物业管理费。

话术切入点：房屋漏水分为两种情况。

（1）外墙漏水。外墙漏水分两种情况，一种属于在房屋保质期内的外墙漏水。《建设工程质量管理条例》第40条第二款规定：屋面防水工程、有防水要求的卫生间、房间和外墙面的防渗漏保质期为5年。5年内出现的漏水情况，应由开发商提供售后服务。物业公司的责任只是帮助业主联系开发商，至于结果如何无法保证，物业公司不能对开发商采取强制措施。

另一种属于质保期外的漏水，属于公共面积，需要启动公共维修基金。

（2）室内漏水，通知物业公司维修，可能是其他业主的问题。

无论是上述任何原因，都是与物业公司无关，业主都需要按时、足额缴纳物业管理费。

7.6.3 电梯故障

情景描述：彭先生所在单元的电梯故障频发，有几次他还被困在电梯中。因此，彭先生拒交物业管理费。

话术切入点：电梯故障的处理措施之一是物业公司联系电梯销售商或生产厂家进行售后服务；处理措施之二是电梯过了保质期，启动公共维修基金。启动公共维修资金的程序很复杂，既需要业主的配合也需要时间，且需要满足以下条件：

（1）用来维修小区的公共区域，且是公共区域的大、中修；

（2）小区业主2/3以上且占小区面积2/3以上的居民同意。

7.6.4　车辆被盗

情景描述：刘先生下班回家后把电动车停在车棚，第二天早上发现电动车丢失，他认为物业公司未尽到保管义务，因此拒交物业管理费。

话术：（区分公共领域和车库）物业公司收取的是车位管理费，物业公司与业主之间不存在保管合同关系。基本上此类问题的大部分原因是业主乱停乱放或者没有上锁，并且被盗须有公安机关报案记录。

7.6.5　家里被盗

情景描述：钟先生家某晚被盗，损失十几万元，业主随即报案。公安机关至今没有找到偷窃之人。钟先生认为物业公司没有尽到安保义务，没有保护其室内财产安全，因此拒绝缴纳物业管理费。

话术切入点：如果业主没有与物业公司签订特别的协议，物业公司只要按照《物业服务合同》的约定，提供了相应的安保义务，就可免责。

7.6.6　人在外地

情景描述：小区客服工作人员多次催邓先生缴纳拖欠的物业管理费，邓先生每次都说他还在外地出差，只要回来就马上来交，经多次催告，仍没有见邓先生前来缴费。

话术切入点：物业管家可以告诉业主通过转账方式缴费，如果回来交的话须明确具体时间。对公转账必须在银行柜台进行，不能在 ATM 机上进行，并且一定要备注房号、业主姓名和物业费金额，转账后留下转账凭证，才能到物业公司领取相应的收据或发票。

7.6.7　物业服务水平不高

情景描述：陈女士拖欠物业管理费已有几年，每次物业公司向她进行催告，她都会说出一大堆理由评判物业公司的服务质量差，对物业公司的服务不满意。

话术切入点：物业管理费的价格跟物业服务水平成正比。如果部分业主长期欠缴物业管理费，物业公司达到亏损状态，就只能降低服务成本，那么服务水平也会随之下降，这就是一个恶性循环。

7.6.8 违章建筑

情景描述：楼上业主在窗台、阳台外搭建植物架台，楼下的张女士感到很不安全。她数次要求物业公司解决问题未果，因此拒交物业管理费。

话术切入点：根据《物业管理条例》第四十六条规定，对物业管理区域内违反有关治安、环保、物业装饰装修和使用等方面法律、法规规定的行为，物业公司应当制止，并及时向有关行政管理部门报告。有关部门接到物业公司报告后，应对违法行为予以制止或依法处理。

物业公司是服务性机构，没有任何强拆的权力。违章建筑的管理机构是政府房管部门，物业公司的责任是向其汇报，如确属违章建筑，应由政府房管部门处理。

7.6.9 相邻权纠纷

情景描述：黎女士隔壁经常打麻将到半夜，严重影响了她的睡眠。黎女士要求物业公司对此问题进行解决，但顽固业主不听劝告，此类事件并未停止。黎女士认为物业公司对此事处理不力，因此拒交物业管理费。

话术切入点：物业公司只负责协调邻里关系，问题能否得到切实解决，还需要相关业主协商一致。

7.6.10 费用已交

情景描述：小区客服工作人员向刘女士催告缴纳物业管理费事宜，刘女士称费用早已缴清。

话术：业主如反映早已缴纳物业管理费，物业管家应先核对是否有缴费记录，若物业公司无相关记录，则要求业主提交相应的书面缴费凭证。

7.6.11 业主认为物业公司与开发商是一伙的

情景描述：某小区由某地产公司进行开发，由其辖下物业公司提供物业服务。部分业主将开发商应承担的责任（如房屋质量问题、房产证的办理）转嫁到物业公司，因问题没有得到解决，故拒交物业管理费。

话术切入点：物业公司和开发商是两个独立的民事主体、两个独立的法人，它们各自承担相应的责任和义务。

7.6.12　认为未入住／未交房不需要交

情景描述：滕先生因为工作原因延迟收房，收房后其被公司指派到外地长期出差，他认为自己没有享受到物业服务所以不愿交物业管理费。

话术切入点：尽管滕先生未入住，但物业服务照常进行，物业服务不只是针对个体业主，而是属于全体业主的。空置房的物业管理费是物业公司按国家法律规定全额收取的。业主以未享受或者无须接受相关物业服务为由拒交物业管理费，是不受法律支持的。

学习思考

1. 物业管理费由哪些项目构成？

2. 物业管理费的金额是如何确定的？

3. 顺利收缴物业管理费的措施有哪些？

4. 正常收缴程序有哪些环节（或步骤）？

5. 物业管理费的催缴程序有哪些环节（或步骤）？

6. 物业管理费的催缴方式有哪些？

7. 催缴工作流程有哪些步骤？

8. 电话催缴过程是怎样的，有哪些常见问题，如何解决？

9. 物业管家在向业主催缴物业管理费的过程中往往有哪些负面心理，该如何应对？

10. 邀约准备工作有哪些？

11. 催缴沟通过程中有哪些常见问题？

12. 欠费业主（用户）有哪几类，物业管家如何有针对性地进行催缴？

学习笔记

_____

_____

_____

_____

_____

_____

_____

第八章 客户关系管理

▶ **学习目标**

　　1. 能描述客户资料的内容、客户资料的建立途径、客户资料的分类方法，能实施客户资料登记、客户资料的分类、客户资料的使用、客户资料的归档和清理。

　　2. 能概括业主（用户）咨询服务流程、客户咨询的内容，能够独立接受业主（用户）的咨询。

　　3. 能说明回访的方式、内容、要求，能够实施回访走访。

　　4. 能说明意见征询的内容、意见征询的方式，能够开展意见征询并进行统计与分析。

导读 ＞＞＞

物业公司属于服务性行业，其客户就是业主或非业主使用人。物业公司在经营、管理和服务的过程中，不可避免地会与业主或非业主使用人产生极其复杂的关系。因此，实施客户关系管理对物业公司有着至关重要的意义。

8.1 客户资料登记、管理

8.1.1 客户资料的内容

（1）基本资料包括客户的姓名、性别、年龄、学历、户口所在地、祖籍、政治面貌、出生日期、通信地址、联系电话、紧急联系方式、婚姻状况、所属单位名称、职务、家庭（公司）主要成员、家庭（公司）常住人口数等。

（2）物业资料包括客户类型、使用性质、房号、房屋面积、按揭方式、入住（入租）时间、水电表编号等。

（3）车辆资料包括拥有车辆的数量、型号、特征、车牌号码、停车位办理等。

（4）消费资料包括楼款交纳及按揭办理情况、入住各项费用交纳情况、管理费用缴纳情况、水电费用缴纳情况、装修保证金及所得税交纳情况、购买配套产品（如门禁卡、会员卡、报警系统等）情况。

（5）个性资料包括客户的兴趣爱好、身体特征、文艺或体育特长、生活习惯、宗教信仰、生活禁忌等。

（6）房屋修缮记录。

（7）曾经要求过的特约服务记录。

（8）以往投诉和建议情况。

（9）参与社区活动记录及曾经获得过的荣誉。

（10）发生突发事件的记录。

（11）使用物业过程中的违规记录。

（12）家庭主要成员的健康档案。

8.1.2　客户资料的建立途径

客服中心应通过图 8-1 所示的四种途径取得客户资料并建立客户资料。

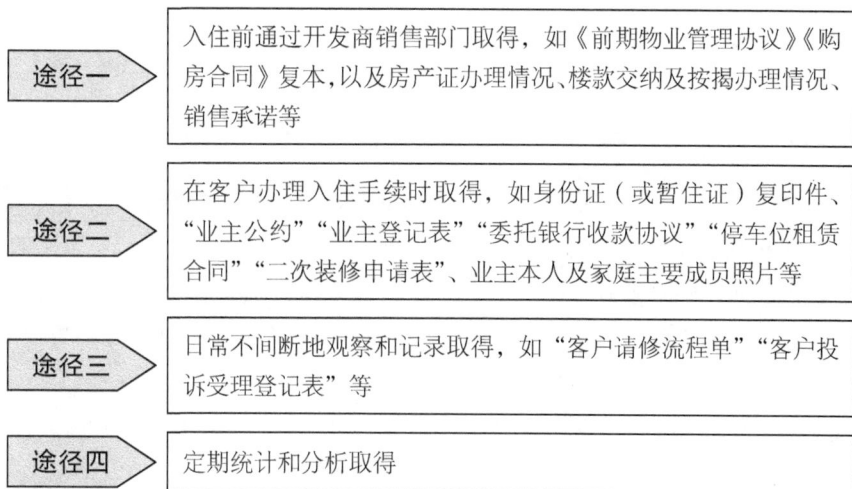

图 8-1　建立客户资料的四种途径

8.1.3　客户资料的分类管理

8.1.3.1　分类方法

物业管家必须按照如下顺序对客户资料进行分类。

（1）按照物业的使用性质（住宅、办公、商业等）分类。

（2）按照物业的楼栋及层数分类。

（3）按照客户的类型（业主、租户）分类。

8.1.3.2　管理

（1）客户资料应根据物业的产权归属分别独立建档。

（2）档案分类和组卷必须规范，同时建立检索目录，便于调用和查阅。

8.1.4　客户资料的使用

客户服务中心应充分利用客户资料的信息，致力于提供个性化和差异化的物业管理服务，物业管家通常在如下情况用到客户资料。

（1）进行客户需求分析和服务设计定位时。

（2）受理客户投诉时。

（3）处理突发事件时。

（4）策划组织社区文化活动时。

（5）推销配套产品时。

（6）业主委员会成立和换届改选时。

8.1.5　客户资料的归档和清理

（1）客户资料的归档必须采用双轨制，即保存原始资料和电脑录入。

（2）每年底对客户资料进行一次清理，剔除无用和多余的资料，将留存的资料分类后装订成册，同时录入电脑。

（3）档案柜应上锁并做好防火、防盗、防潮、防虫、防光、防尘和防鼠等措施，有效保证客户资料的安全。

（4）没有客服中心经理授权，客户资料不得外借。客户资料在调用过程中不得随意涂改，不得遗失或损坏，不得向外人泄露客户隐私。

8.2　客户咨询服务

8.2.1　客户咨询的内容

客户服务中心往往会接到业主（用户）的各种咨询电话，为了给客户提供管理区域内吃、住、行、游、娱、购等信息，宣传物业管理的相关法律法规，满足客户的不同需求，物业管家应广泛搜集信息，并将这些信息编成小册子。小册子包括如下内容。

（1）物业的基本情况

——占地面积、总建筑面积、绿化面积、容积率、绿化率、栋数、每栋层数、车位数量。

——总户数、总人数、已入伙户数、常住户数。

——物业管理费、房屋维修基金收取标准；水、电、气、空调、有线电视、电话、宽带网收费标准。

——匪警、火警、急救、液化气抢修、水电抢修、有线电视、电话维修，管理处、派出所、宽带网维护、投诉，管理处主管级以上人员的电话。

——入住二次装修、开放行条、车位办理、入住等办理程序。

（2）房屋设施设备及配套情况。

（3）管理处的运作体系。

（4）周边信息

——当地主要的风土人情、生活习惯、爱好、禁忌等。

——国内或国际航班、火车、汽车在当地抵离时间、票价。

——周边主要配套设施的服务内容、电话号码和营业时间，如电影院、音乐厅、剧院、展览馆、医院、银行、商场、体育设施、学校等。

——当地政府部门、公安、城管、供电局、自来水公司、煤气、有线电视、电话、宽带网等的运作情况；当地著名游览胜地的特色、名称和交通路线；了解当天天气预报、空气质量及其他公共信息项目。

（5）物业管理相关法律法规。

（6）客户常见的疑难问题。

8.2.2 业主（用户）咨询服务流程

业主（用户）咨询服务流程如图 8-2 所示。

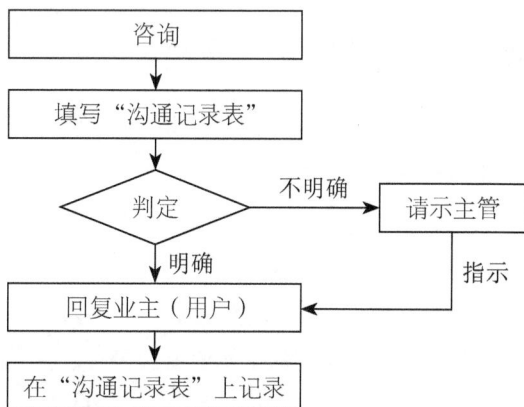

图 8-2 业主（用户）咨询服务流程

8.2.3 态度要求

遇到业主（用户）来电或来办公室咨询，物业管家应给予热情接待，不得刁难、推诿，要做到对熟人和陌生人一个样、对大人和小孩一个样、忙时和闲时一个样。

8.3 客户走访回访

物业公司要做好物业管理服务工作，加强与业主（用户）的联系，及时为业主（用户）排忧解难。同时，不断总结经验教训，集思广益，改进管理水平，提高工作质量，应经常开展回访工作。做好回访工作，有利于拉近物业公司和业主（用户）的距离，更好地为业主服务。

8.3.1 回访的方式

为了不影响业主（用户）的正常生活、工作，物业管家一般采用电话回访的方式，以及与业主（用户）交谈、现场查看、检查等方式。回访是不定时进行的。

8.3.2 回访的内容

回访内容主要包括水、电、暖气等生活设施的使用及管理，以及卫生管理、绿化管理、公共管理、维修质量、服务态度等方面的问题。

8.3.3 关于投诉的回访

（1）回访时应虚心听取意见，诚恳接受批评，采纳合理化建议，做好回访记录。

（2）回访中，如不能当即答复业主（用户）的问题，物业管家应告知回复时间。

（3）物业公司的其他人员接（听）到业主（用户）的意见、建议、投诉或反映问题时，应及时反馈给部门领导或回访专职管理人员，并认真做好记录。对不属于本部门职权范围内的事项，应及时呈报上级部门处理，不得推诿、扯皮。

（4）回访后对业主（用户）反馈的意见、要求、建议、投诉，应及时整理，快速做出反应，并妥善解决，重大问题向上级部门请示解决。对业主（用户）反映的问题，要做到件件有着落、事事有回音，回访处理率100%，投诉率力争控制在1%以下。

（5）接到业主（用户）投诉，应首先向业主（用户）表示歉意和感谢，并做好住户投诉登记。对于重大投诉，部门领导应组织相关人员向业主（用户）进行检讨和说明，及时落实解决措施及责任人，并限期处理和整改。

（6）对投诉必须 100% 回访，必要时可进行多次回访，直至业主（用户）满意为止。

8.3.4　关于维修的回访

秉持着对业主、用户负责的工作态度，维修工作完成后，一定要做回访，这也是许多物业公司通行的做法。

8.3.4.1　维修回访的内容

（1）实地查看维修项目。

（2）向在维修现场的业主（住户）或家人了解维修人员的服务情况。

（3）征询改进意见。

（4）核对收费情况。

（5）请被回访人签名。

8.3.4.2　维修回访原则

小事、急事当时或当天解决，如果同时有若干急事，应如实向客户通报，协商检查解决时间。一般事情当天有回音，3 天内解决；重大事情 3 天有回音，7 ~ 15 天解决。对维修后，当时看不出维修效果的，或可能再次出现问题的，应进行多次问访；对维修效果很明显或属正常低值易耗的可进行一次性回访。

8.3.4.3　维修回访语言规范

回访工作既可以亲自上门拜访、实地查看，也可以通过电话与业主沟通。无论采取何种方式进行，物业管理的用语都要规范、声音要温和、表达要清晰。以下是一些常见的回访用语，物业管家可灵活运用。

"您好，我是 ×× 物业 ×××× 管理处的员工，今天来回访，请问您对我们的维修服务质量是否满意？"

"先生（女士），您的水龙头现在还会不会漏水？您对维修服务人员的态度满意吗？"

"先生（女士），您在电话中反映的有关维修服务人员乱收费的情况，我们已做了调查与处理，今特来回访，与您沟通一下情况。"

8.3.4.4　维修回访时间要求

回访时间一般安排在维修后一周内。某知名物业公司对维修回访做出如下规定。

（1）对危及住户生命、财产安全的，如墙面出现严重裂缝，灯罩松动，橱柜松动、倾斜，电器外壳带电等问题，应马上给予解决。处理后，一周内回访一次，并视情节轻重进行不断跟踪回访。

（2）房屋内墙角、天花板出现渗水现象，在接到通知后，马上到现场查明原因，在两日内给予判断、处理、解决，维修后第二天回访一次，如是雨水造成的，在下雨后马上进行回访。

（3）洗菜盆、洗脸盆、座厕或其他管道堵塞或漏水的，当日予以解决，次日回访。

（4）电视机、电冰箱、电烤箱等家电出现问题的，当天予以检查，如属简单维修，如插头断了或接触不良需修理的，在维修后的第二天回访一次。

（5）业主的电视收视效果差时，应马上与有关单位联系，两日内予以解决，次日回访。

（6）业主房屋内墙面出现裂缝，但未危及生命或影响正常生活，可与有关单位联系，三日内解决，五日内回访一次，一个月内回访第二次。

无论物业公司对回访做出怎样的规定，物业管家都应熟知规定，并且在每日上午上班时认真检查维修记录，确认当日应回访的维修服务，确保回访工作准时执行。

8.3.4.5　回访问题处理

一般而言，对回访中发现的问题，应在 24 小时内书面通知维修人员进行整改。

8.3.5　上门走访回访的安排

虽然在信息时代，人们可以通过电话、微信沟通，但始终难以代替最古老、最朴素的促膝长谈，它可以融解文字的冰冷并消除电话的客套，有着其他沟通方式无法比拟的优点。

8.3.5.1 人员安排

物业管家在走访业主时应注意一些问题，如走访通常由两个人组成一个小组，小组成员通常是一男一女，这样不管业主是男是女，都不会引起尴尬和不便。

8.3.5.2 走访的时间安排

（1）走访可以安排在业主下午下班后较为合适，占用业主休息时间也是不尊重对方的表现。

（2）走访的时间应长短适中，太短达不到效果，太长则会影响业主的正常生活，通常是 20 分钟到一个小时。

（3）走访应提前预约。

8.3.6 走访、回访的细节

物业管家在走访、回访业主（用户）时要讲究方法和技巧，这样才能够取得最佳效果。以下介绍一些走访的细节。

8.3.6.1 见面问候时最好点名道姓

进入业主（用户）家时，物业管家要先说："王先生，您好，见到您很高兴。"

8.3.6.2 如果业主（用户）没请你坐下，你最好站着

进入业主（用户）家时，如果业主没有招呼坐下，物业管家最好不要主动坐下。

8.3.6.3 不要急于出示随身携带的资料

只有在交谈中提及了，且已引起对方的兴趣时，物业管家才能向业主（用户）出示随身携带的资料。同时，回访前要做好充分的准备，预先考虑好业主（用户）可能会提出的一些问题，在业主（用户）提出问题时，给予详细的解释或说明。

8.3.6.4 主动开始谈话，珍惜时间

在回访时，物业管家应该主动开口，表达简洁准确，不要占用业主（用户）过多的时间，以免引起反感。

8.3.6.5 时刻保持相应的热情

在回访时，如果物业管家对某一问题没有倾注足够的热情，那么，业主（用户）也可能会失去谈论这个问题的兴趣。

当业主（用户）因为某些问题而情绪激动，不配合工作时，物业管家应提早结束回访。

8.3.6.6　学会听的艺术

进行回访时，物业管家不仅要会说，还要会倾听。倾听有两个要求，首先要给业主（用户）留出说话的时间；其次要"听话听音"。当业主（用户）在说话时，最好不要打断他，听他把话说完。

不能认真聆听别人说话的人，也就不能够"听话听音"，更不能很好地回答对方的问题。不论是在社交场合，还是在工作中，善于倾听都是一个人应有的素养。

8.3.6.7　避免不良的动作和姿态

在回访时，应保持端庄得体，不做无关的动作，如玩弄手中的小东西、用手理头发、剔牙齿、掏耳朵、弄指甲，或盯着天花板等。

8.3.6.8　要善于"理乱麻"，学会清楚地表达

在说话时，表达应清晰准确，善于概括总结。注意自己说话的语气和语调。说话要清晰，喉音、鼻音不宜太重，语速徐缓，语调平稳。

8.3.6.9　避免过度关心和说教

应该避免过度的关心和说教，要表现出诚意和合作精神。

8.3.6.10　告别

回访结束出门时，物业管家要带好自己的随身物品，如公文包、资料等。告别语一定要适当并简练，千万不要在临出门时又引出新的话题。

8.3.7　走访回访的记录

在回访工作管理中，物业管家一定要做好回访记录，以便明晰责任和统计分析，找出物业工作中的缺点，寻求解决措施，提升工作效率。

"客户回访记录表""走访情况记录表"如表8-1和表8-2所示。

表 8-1　客户回访记录表

____管理处　　　　　　　　____年__月__日__时

客户地址		姓名		联系电话		□业主　□租户
回访情况						回访人签名：
客户意见与改进情况						跟踪人签名：

保存期为两年。

表 8-2　走访情况记录表

编号：

被走访业主（住户）姓名：	联系电话：
被走访业主（住户）详细地址：	

用户反映情况	业主（住户）签章： 　　　　　　年　月　日
存在问题及建议	
处理意见	

走访人签字：　　　　　　　　　　走访时间：

8.4　客户意见征询服务

为加强物业公司与小区业主之间的联系，及时了解业主的心声，物业公司应建立业主意见征询制度。物业公司每年以"意见征询表"的形式，征询业主意见及建议，将重大投诉及其整改措施用公开信的形式张贴在小区宣传栏。

8.4.1　意见征询的内容

意见征询的内容有治安、车辆、清洁、绿化、公共设备设施、社区文化活动、便民服务等，物业公司可视实际情况选择每次征询的内容。

8.4.2　意见征询的方式

征询方式一般为问卷调查。以下提供一份物业服务满意度调查问卷供读者参考。

【实战范本】物业服务满意度调查问卷

物业服务满意度调查问卷

业主姓名：　　门牌号：　　车位号：　　车牌号：　　联系电话：

为了不断提高物业管理的服务质量，我们非常希望了解您对我们物业管理中各项服务的真实感受，请您在认为最合适的选项前画"√"。该调查是我们公司对2021年3月物业管理工作满意度进行的调查，同时是我们今后改善物业管理的依据。

一、管理服务类

1. 您对物业工作人员的行为规范、服务热情是否满意？

　□非常满意　　□基本满意　　□不满意　　□非常不满意

2. 您对物业公司客服热线的接听及时率是否满意？

　□非常满意　　□基本满意　　□不满意　　□非常不满意

3. 您对投诉的处理是否满意？

　□非常满意　　□基本满意　　□不满意　　□非常不满意

二、秩序维护服务类

1. 您对保安工作是否满意？

　　□非常满意　　　□基本满意　　　□不满意　　　□非常不满意

2. 您对保安夜间巡逻密度、巡逻线路是否满意？

　　□非常满意　　　□基本满意　　　□不满意　　　□非常不满意

3. 您对严格控制外来车辆、外来人员进入小区是否满意？

　　□非常满意　　　□基本满意　　　□不满意　　　□非常不满意

4. 您对车辆停放秩序是否满意？

　　□非常满意　　　□基本满意　　　□不满意　　　□非常不满意

三、保洁服务类

1. 您对保洁服务人员的工作态度是否满意？

　　□非常满意　　　□基本满意　　　□不满意　　　□非常不满意

2. 您对道路的卫生情况是否满意？

　　□非常满意　　　□基本满意　　　□不满意　　　□非常不满意

3. 您对公共区域的卫生情况是否满意？

　　□非常满意　　　□基本满意　　　□不满意　　　□非常不满意

4. 您对绿化情况是否满意？

　　□非常满意　　　□基本满意　　　□不满意　　　□非常不满意

四、维修服务类

1. 您对维修服务工作是否满意？

　　□非常满意　　　□基本满意　　　□不满意　　　□非常不满意

2. 您对物业维修服务人员维修的及时率是否满意？

　　□非常满意　　　□基本满意　　　□不满意　　　□非常不满意

3. 物业公司对报修房屋质量问题的处理是否令您满意？

　　□非常满意　　　□基本满意　　　□不满意　　　□非常不满意

五、其他类

1. 您对物业公司整体的服务是否满意？

　　□非常满意　　　□基本满意　　　□不满意　　　□非常不满意

2. 你对物业服务不满意的主要原因是？（可多选）

　　□人员素质低　　　　　　□服务不到位

　　□服务态度差　　　　　　□资金使用不透明

　　□不听取业主的意见　　　□安保服务不到位

□该管的不管 　　　　　　□其他，请说明_____

3. 您认为一个好的物业公司主要应具备哪些条件（可多选）？

□及时完善的专业服务 　　□价格合理

□有资质 　　　　　　　　□从业人员素质较高

□其他，请注明_____

六、您对目前物业工作有何其他建议和意见？

_____

_____

七、您认为物业公司还需要提供哪些服务？

_____

_____

再次感谢您的支持和配合！我们将不断努力，为您提供满意的服务。

谢谢！

8.4.3 意见征询结果的统计与分析

物业公司应对意见征询结果按治安、车辆、清洁、绿化、公共设备设施、社区活动、便民服务等进行分类统计（如表 8-3 所示），并出具"客户意见征询分析报告"（如表 8-4 所示），对未达到质量目标和客户普遍反映的问题，根据其程度采取相应的改进方法和纠正、预防措施。

意见征询由客户服务中心安排人员统一进行回访，并填写"回访记录表"。

表 8-3　客户意见调查统计表

部门：　　　　　　　　　　____年____半年

项目	满意	较满意	不满意
供电			
供水			
投诉接待			
维修速度			
维修质量			
服务态度			

（续表）

项目	满意	较满意	不满意
公共卫生			
公共设施			
社区文化			
保安执勤			
园林绿化			
空调管理			
电梯管理			
合　计			
备注			

统计人：　　　　　日期：　　　　　归档：　　　　　日期：

表 8-4　客户意见征询分析报告

部门：　　　　　　　　　　____年____半年

序号	项目名称	各项满意率统计	备注
1	供电	（满意数／总数）×100%=____%	
2	供水	（满意数／总数）×100%=____%	
3	投诉接待	（满意数／总数）×100%=____%	
4	维修速度	（满意数／总数）×100%=____%	
5	维修质量	（满意数／总数）×100%=____%	
6	服务态度	（满意数／总数）×100%=____%	
7	公共卫生	（满意数／总数）×100%=____%	
8	公共设施	（满意数／总数）×100%=____%	
9	社区文化	（满意数／总数）×100%=____%	
10	保安执勤	（满意数／总数）×100%=____%	
11	园林绿化	（满意数／总数）×100%=____%	
12	空调管理	（满意数／总数）×100%=____%	
13	电梯管理	（满意数／总数）×100%=____%	
14			

序号	项目名称	各项满意率统计	备注
15			
16			
17		$综合满意率 = \dfrac{各项满意率之和}{项目总数} \times 100\%$	

统计分析方法：

调查表共有（　　）项调查内容，每项有（　　）种答复。统计分析计算每项及其综合满意率（各项计算公式为：该项满意数÷回收的调查表总数×100%＝该项满意率）。根据各分项满意率进行总结分析。

分析结果（附统计表，本页不够填写时可另附页）：

分析人：　　　　　　　　　　日期：

质量管理部：　　　　　　　　　　部门负责人：

日期：　　　　　　　　　　日期：

【实例】

物业年度满意度调查分析

　　××公司现有部门5个，公司物业管理部组织于××月××日进行物业服务满意度调查，共抽访了×个部门中的××人。此次调查主要针对综合服务质量、秩序维护、卫生清洁、会议服务、设备维护等项目进行调查分析。

　　本次调查共发出"××小区物业服务满意度调查问卷"××份，收回××份，回收率为××%。根据业主满意度调查的结果，我们统计出××小区业主对我公司服务质量的总体满意度为××%。

一、评价标准

很满意：对人员需求的满足超过其正常期望。

满意：对人员需求的满足达到其正常期望。

一般：未达到正常期望，但也予以认可。

不满意：对人员需求的满足不认可。

二、各项目调查表格及满意度

类别	项目	非常满意（%）	满意（%）	一般（%）	不满意（%）
综合服务质量	1. 您对目前本项目的物业服务工作是否满意	51.1	46.7	2.2	0
	2. 您对物业服务人员的仪容、仪表是否满意	53.3	46.7	0	0
	3. 您对物业服务人员的服务态度是否满意	71.1	26.7	2.2	0
	4. 您对物业服务投诉和建议回馈的及时性、有效性是否满意	41.0	57.8	1.2	0
	5. 您对重要接待的物业服务配合是否满意	51.1	46.7	2.2	0
秩序维护	6. 秩序维护工作	46.7	51.1	2.2	0
	7. 停车场车辆协调工作	40.0	46.7	13.3	0
	8. 人员及物品出入控制工作	42.2	51.1	6.7	0
	9. 防汛等突发事件应急处理	35.6	64.4	0	0
卫生清洁	10. 办公室区域卫生清洁工作	62.2	35.6	2.2	0
	11. 外围庭院卫生清洁工作	53.3	46.7	0	0
	12. 会议室的卫生清洁工作	53.3	44.4	2.3	0
	13. 个人自用物品的清洁服务质量	55.6	42.2	2.2	0
	14. 消杀工作	44.4	48.9	6.7	0
会议服务	15. 会务人员在会议期间的服务工作	51.1	42.2	6.7	0
	16. 会议室的预订及协调工作	48.9	46.7	4.4	0
	17. 空调、物资、投影仪、激光笔的会前准备情况	35.6	46.7	15.6	2.1
设备维护	18. 设备的日常维护工作	33.3	51.1	13.3	2.2
	19. 节能管理情况	37.8	51.1	11.1	0
	20. 维修的及时性和效果	35.6	53.3	11.1	0
合计		47.2	47.3	5.3	0.2

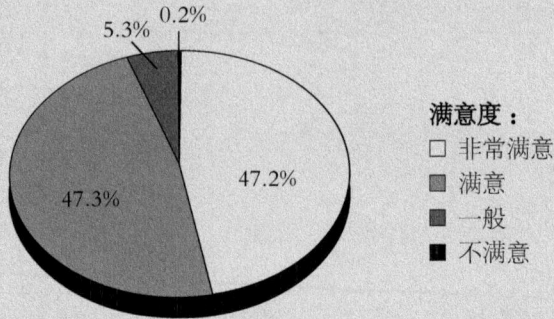

总体满意度百分比饼状图

各项服务满意度百分比

满意度 类别	非常满意（%）	满意（%）	一般（%）	不满意（%）
综合服务质量	53.5	44.9	1.6	0
秩序维护	41.1	53.3	5.6	0
卫生清洁	53.7	43.6	2.7	0
会议服务	45.2	45.2	8.9	0.7
设备维护	35.6	51.9	11.8	0.7

三、数据分析

1. 根据调查数据显示，在综合所有调查项目后，统计所得数据显示物业服务总体满意度达94.5%，呈现较高水平。××小区业主对物业服务的总体评价较好。

2. 有11.8%的被调查人员认为设备维修方面较一般，其中主要表现在设备的日常维护工作、节能管理情况、维修的及时性和效果等方面，有13.3%的被调查人员认为停车场的车辆协调工作未达到满意度，空调、物资、投影仪、激光笔的配备还需要进一步完善。

3. 各个部门的消杀工作未得到及时处理，被调查人员反映蚊虫多，需及时配备消杀工具并定期消杀。

四、部分业主的意见与建议

根据客户填写的满意度调查问卷，汇总出如下几项。

1. 未能及时进行有效的垃圾分类，没有做到真正的环保。

2. 大桶水的配送问题。

3. 建议增添绿色植物。

4. 空气质量差，装修气味较大。

5. 消杀工作不彻底。

6. 空调出风口需调整。

7. 设备完好率有待提高。

8. 对于外来车辆的管理问题，以及对内部车辆进行有序停放。

五、总结

综上所述，本次调查的整体满意程度达到 94.5% 以上，各方面数据显示，业主对我们的服务达到比较满意的程度。在今后的工作里，我们将以更大的工作热情来服务业主，积极处理业主提出的意见与建议，加强各部门的协调、沟通及合作，不断提高服务质量，力争所有调查项目的满意度达 100%，赢得更多业主的支持、认可和信赖。

学习思考

1. 客户资料的内容是什么?

2. 客户资料的建立途径有哪些?

3. 客户资料可以按什么方法进行分类?

4. 如何使用客户资料以致力于提供个性化和差异化的物业管理服务?

5. 客户资料如何归档和清理?

6. 业主(用户)咨询服务流程是怎样的?

7. 客户咨询的内容通常有哪些?

8. 回访的方式、内容、要求是什么?

9. 如何对上门回访进行安排?

10. 回访过程中有哪些细节要特别注意?

11. 意见征询的内容和方式是什么?

12. 如何对意见征询结果进行统计与分析?

学习笔记

_____

_____

_____

_____

_____

_____

_____

第九章 客户投诉处理

▶ **学习目标**

1. 能描述客户投诉的内容、投诉的分类。

2. 能概括投诉者的类别及其心态，能够理解与善待业主（用户）的各类投诉。

3. 能说明物业管理投诉处理首问责任制，能按物业管理投诉处理过程来处理各类投诉。

4. 能描述投诉处理原则、投诉的常规应对策略，能满足处理过程中的细节要求。

5. 能说明无须对投诉进行回访的情况、回访内容和形式，能独立进行回访。

6. 能说明客户投诉的分析方法、客户投诉分析的重点，能熟练建立客户投诉档案、进行客户投诉统计和分析。

7. 能熟记并灵活运用客户投诉话术。

导读 >>>

客户投诉是指外部客户认为由于物业服务工作的失职、失误、失度、失控伤害了他们的尊严或权益，或其合理需求没有得到满足，从而通过口头、书面和电话网络等形式反映的意见或建议。处理投诉是物业管家日常工作中的一项重要任务，也是与业主（用户）直接交流和沟通的最佳方式。

9.1 客户投诉概述

9.1.1 客户投诉的内容

客户投诉的内容如表 9-1 所示。

表 9-1 客户投诉的内容

序号	项目	内容说明
1	房屋管理类	由于对房屋建筑主体及其附属构筑物的共用部位的维修、养护和管理不到位引起的投诉，包括楼盖、屋顶、外墙面、承重结构、楼梯间、走廊通道、门厅、道路等，如房屋损坏保养不到位、公共楼道修缮不及时、违章搭建、装修管理监控不到位等
2	设备管理类	由于对房屋毗连及其附属配套的共用设施、设备的维修、养护、运行和管理不到位引起的投诉，包括共用的上下水管道、落水管、烟囱、共用照明、天线、中央空调、暖气干线、供暖锅炉房、高压水泵房、楼内消防设施设备、电梯等
3	安全管理类	由于对业主的工作、生活秩序维护、管理不到位，或采取的安全措施不当，导致存在安全隐患或发生安全事故等而引起的投诉，包括对外来人员、物品搬运、车辆、道路、消防等的管理，对讲机使用（如安全员夜间对讲机声音过大）、技能防范和突发事件处理等

序号	项目	内容说明
4	环境管理类	由于对物业环境的净化和美化管理服务不到位引起的投诉，包括绿化、清洁卫生、垃圾清运、消杀、商铺环境（如油烟问题、占道经营等）、不能归属其他类别的噪声和对保洁外包供方的监控等
5	综合服务类	由于除上述四类以外的其他管理服务提供不到位引起的投诉，包括居家服务、商务服务、中介服务、社区文化、会所、住户巴士等由物业公司提供的社区配套服务等
6	业主（用户）纠纷类	由于业主（用户）之间对毗连部位或设施、公共部位或设施的使用和相关权益归属存在纠纷，甚至互相侵犯权利、影响他人生活、损害公共利益而引起的投诉，如养犬、晨练等生活噪声、毗连部位维修（装修破坏防水层造成渗漏水等）及部分业主（用户）的不道德行为等
7	地产相关类	由于地产相关产品、服务提供不到位引起的投诉，包括房屋质量、配套设施、规划设计、地产联系的工程施工、配套服务、销售管理等
8	其他类	由于非上述各类原因引起的且物业公司不负有直接管理责任但通过物业管理单位的努力可以改善的客户抱怨，包括由于政府机关、企事业单位的行为或责任引起的投诉，如市政配套（供水、供电、燃气、有线电视、宽频网、电话、交通）不完善或市政设施突发事件过多等

9.1.2　投诉的分类

投诉的分类如图9-1所示。

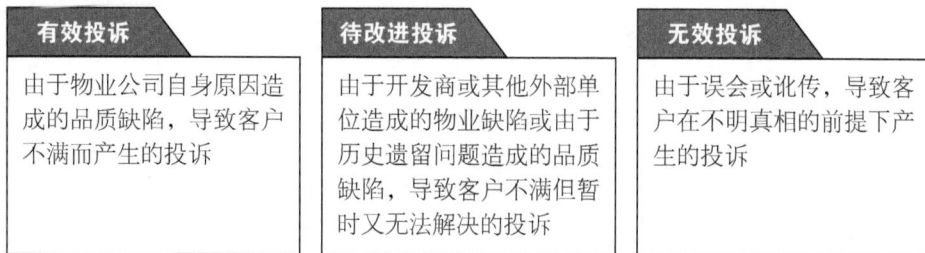

有效投诉	待改进投诉	无效投诉
由于物业公司自身原因造成的品质缺陷，导致客户不满而产生的投诉	由于开发商或其他外部单位造成的物业缺陷或由于历史遗留问题造成的品质缺陷，导致客户不满但暂时又无法解决的投诉	由于误会或讹传，导致客户在不明真相的前提下产生的投诉

图9-1　投诉的分类

9.2　对投诉者的认知和理解

9.2.1　投诉者的类别及其心态

充分了解投诉者的类别及其心态是物业管家处理物业管理投诉的关键所在。

9.2.1.1　投诉者的类别

投诉者分为如图 9-2 所示的三种。

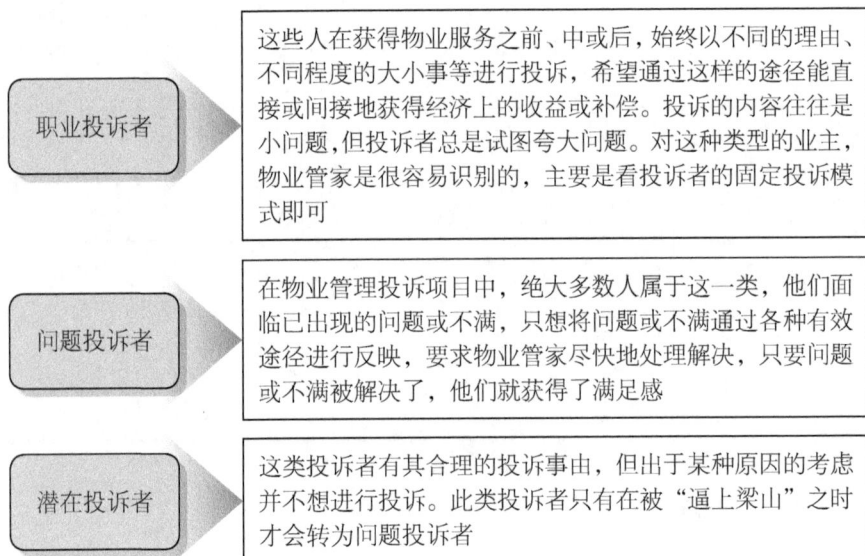

职业投诉者	这些人在获得物业服务之前、中或后，始终以不同的理由、不同程度的大小事等进行投诉，希望通过这样的途径能直接或间接地获得经济上的收益或补偿。投诉的内容往往是小问题，但投诉者总是试图夸大问题。对这种类型的业主，物业管家是很容易识别的，主要是看投诉者的固定投诉模式即可
问题投诉者	在物业管理投诉项目中，绝大多数人属于这一类，他们面临已出现的问题或不满，只想将问题或不满通过各种有效途径进行反映，要求物业管家尽快地处理解决，只要问题或不满被解决了，他们就获得了满足感
潜在投诉者	这类投诉者有其合理的投诉事由，但出于某种原因的考虑并不想进行投诉。此类投诉者只有在被"逼上梁山"之时才会转为问题投诉者

图 9-2　投诉者的类别

9.2.1.2　投诉者的心态

投诉者具有图 9-3 所示的三种心态。

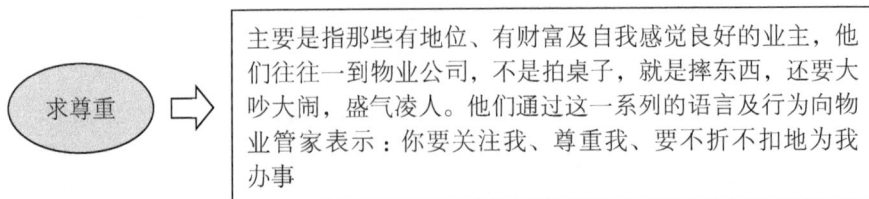

求尊重	主要是指那些有地位、有财富及自我感觉良好的业主，他们往往一到物业公司，不是拍桌子，就是摔东西，还要大吵大闹，盛气凌人。他们通过这一系列的语言及行为向物业管家表示：你要关注我、尊重我、要不折不扣地为我办事

图 9-3　投诉者的心态

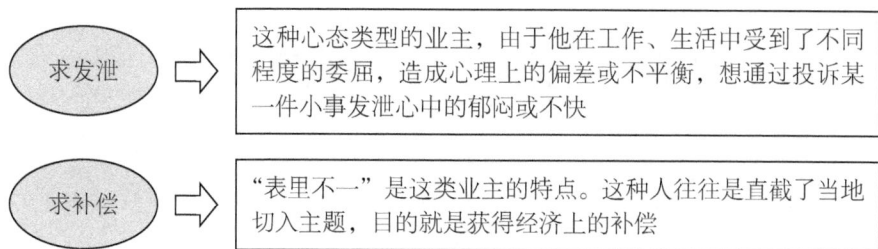

求发泄 ⇒ 这种心态类型的业主，由于他在工作、生活中受到了不同程度的委屈，造成心理上的偏差或不平衡，想通过投诉某一件小事发泄心中的郁闷或不快

求补偿 ⇒ "表里不一"是这类业主的特点。这种人往往是直截了当地切入主题，目的就是获得经济上的补偿

图 9-3　投诉者的心态（续）

9.2.2　理解与善待物业管理投诉

物业管理投诉并不可怕，物业管家应当以一种正确的心态去理解与善待业主（用户）的各类投诉。

接待与处理各类物业管理投诉是物业管理服务中重要的组成部分，也是提高物业管理服务水准的重要途径。通过对物业管理投诉的处理，不仅可以纠正物业管理服务中出现的各项失误或不足，而且能够维护物业管家的形象。

受理及处理业主（用户）的投诉，对物业管家来说，并非愉快之事，但若能正确看待物业管理投诉，并把它转换为消除失误、改善管理、加深与业主（用户）沟通和联系的机遇，坏事也就变成了好事。

在物业服务中，管理运行的好坏、服务质量的优劣等，业主（用户）是最有发言权的，他们的投诉往往暴露出了物业管家在物业管理与服务中存在的缺陷，物业管家也可以从中窥见业主（用户）对物业管理服务的需求；将各类投诉项目归类存档，同时运用科学的统计方法进行顾客满意度的测评，从而找出问题的关键所在，并加以利用，使管理与服务更上一层楼。

物业管家如果对待业主（用户）的各类物业管理投诉置之不理、敷衍了事，那么，非但解决不了问题，而且有可能将问题扩大。因为物业管家每天都有可能会遇到各种各样不同类型的投诉，如果不能及时尽快地处理，就会导致业主（用户）反反复复地进行电话投诉、书信投诉等。这既影响了业主（用户）的正常工作与生活，又给问题的处理带来了新的难度。久而久之，业主（用户）就会用拒交物业管理费等方式做无声的抵抗，直接影响物业公司的经济效益。

9.3　客户投诉处理的机制

物业公司有必要建立客户投诉处理的机制，坚持"谁受理、谁跟进、谁回复"的处理原则，要有明确的、量化的服务质量标准，以及严格的考核标准和执行制度。

9.3.1　物业管理投诉处理首问责任制

物业管家处理投诉一般都采取首问责任制，即无论业主是哪方面的投诉，只要通过客户服务中心投诉，第一位接待投诉的人员必须受理投诉，再根据内部职责分工，落实到相关单位或部门；相关单位或部门处理完毕后，将投诉案件转回给首问责任人，由其反馈给投诉客户。首问责任人必须跟踪整个投诉案件的处理过程，保持与投诉客户的沟通，随时接受询问。

物业管理投诉处理人员的权限为：

（1）受理权；

（2）调查取证权；

（3）人员借用权；

（4）统筹处理权；

（5）督办权；

（6）处罚建议权。

【实战范本 01】物业管理处首问责任制实施办法

物业管理处首问责任制实施办法

第一条　为有效贯彻落实物业管理有限公司制定的《管理处岗位职责及考核办法》，建立服务工作首问责任制，保证快速、高效、优质地为业主（物业使用人）解决问题，塑造良好的企业形象，特制定本实施办法。

第二条　凡业主（物业使用人）来人、来电、来函或用其他方式反映需要解决的问题，本公司第一个接收信息的员工就是首问责任人。

第三条　无论首问责任人的岗位职责是否与业主（物业使用人）反映的问题有关，都应当承担首问责任，履行首问义务。

第四条 首问责任人要做到热情周到、文明礼貌接待反映问题的人，诚心实意地为投诉人解决困难，积极为投诉人转告有关单位，耐心说明情况并跟踪处理结果。决不允许用简单推诿的办法说"不知道""不清楚""办不了""不归我们管"。

第五条 属于我公司职责范围的服务项目，首问责任人要立即告知相关部门，相关部门在接到信息后要按规定及时解决，不能及时解决或暂时无法解决的，要耐心细致地向投诉人解释清楚，承诺答复解决时限。

第六条 属于供水、供电、热力等兄弟单位职责范围的事情，首问责任人必须在30分钟内和相关单位的派出机构取得联系，并告知投诉人的姓名、住址、联系方式、反映事项等，重大投诉问题要通过附表一所示的《业主投诉报告》(一式两份)向相关单位反映。在督促相关单位解决问题的同时，要准确细致进行记录，并及时将处理结果反馈给投诉人。

第七条 属于煤气等外单位需要解决处理的问题，首问责任人要负责指明管理单位地址、联系方式等。

第八条 属于业务不明确或首问责任人不清楚承办单位的，首问责任人应立即向本部门领导汇报，由部门领导协调解决。

第九条 各部门要建立"首问责任制记录表"(附表二)，按规范进行记录，公司内部重大投诉和转(接)相关单位的重大投诉要按"首问责任制重要事项记录表"(附表三)进行详细跟踪记录。

第十条 对第五、六、七、八条的执行必须在60分钟内完成，并且答复投诉人处理情况或解决时限。

第十一条 投诉处理结束后，首问责任人应在两日内进行回访，并做好回访记录。

第十二条 "首问责任制"承接程序

投诉从开始到结束，是接诉—聆听—记录—判断—处理—回访—总结的过程。

(1)接到投诉：有礼貌是做好投诉的基础，是第一关。

(2)聆听和记录：耐心听取业主的投诉，认真记录投诉时间、姓名、要解决的问题、联系方式等，要感谢业主的关爱和热心。

(3)判断和处理：快速判断分析，迅速反映，属于本部门的事情要迅速安排，不能解决的要及时汇报；属于相关部门的问题应迅速将投诉信息转告给相关部门，并做好记录。

(4)回访：根据业主投诉的问题进行反馈，及时与投诉业主联系，进行回访，并做好记录。

(5)总结：业主投诉，从首接开始，总结发生投诉的原因，反思今后的工作中怎样才能避免类似的情况发生，需做哪方面的调整，各部门、各管理处对首接情况要认真总结。

第十三条　责任规定

（1）接到投诉的第一责任人如不履行责任，出现对业主消极怠慢，或不按规定与相关部门进行联系等现象，一经发现，扣罚责任人当月绩效工资 50 元以上，并视责任大小对其给予相应的处罚。

（2）属于各管理处物业区域或各职能部门范围内应处理的问题，如出现推诿、扯皮、对业主拖延等不负责任的现象，一经发现，视情况扣罚部门当月绩效工资 100 元以上，并视情节严重情况，给予相应的处罚。

（3）除以上处罚外，首问责任制执行情况与部门月度绩效考核挂钩。

附表一：

业主投诉报告

报告部门		联系人		联系电话	
业主姓名		住址		联系电话	
投诉事项详细情况					
接收单位			接收人		
处理意见					

附表二：

首问责任制记录表

日期	业主姓名	联系电话	拟办事项	首问人	责任人	处理情况	业主意见	备注

附表三：

首问责任制重要事项记录表

接诉日期		接诉时间		接诉人姓名	
业主投诉（ ）	业主姓名			联系电话	
	地址				
接相关部门或单位转投	转投单位、部门			转投人姓名	
投诉内容					
需要转投（ ）	转投时间		单位部门		接诉人姓名	
	反馈日期		反馈时间		反馈人	
处理结果					
回访	回访日期			回访人		
	回访方式	电话：（ ） 上门：（ ）				
业主意见					

9.3.2 物业管理投诉处理过程规范

物业管理投诉处理过程如图 9-4 所示。

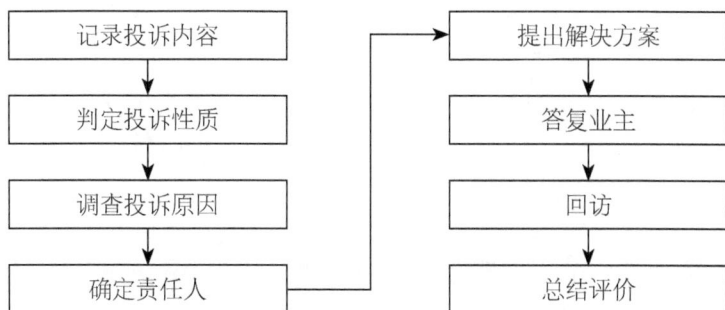

图 9-4 物业管理投诉处理过程

9.3.2.1 记录投诉内容

物业管家接到投诉时，应详细记录投诉的内容，其中包括时间、地点、投诉人姓名、联系电话、房间号、被投诉人及部门、投诉内容、业主的要求和接待人或处理人等。

9.3.2.2 判定投诉性质

（1）按责任划分的投诉性质如表9-2所示。

表9-2　按责任划分的投诉性质

一类投诉	由于物业管理不到位而产生的投诉
二类投诉	由于开发商及房屋质量问题导致的投诉
三类投诉	由于外部环境、非管辖区域内公共配套设施等方面而导致的投诉

（2）按严重程度划分的投诉性质如表9-3所示。

表9-3　按严重程度划分的投诉性质

轻微投诉	因公司的设施、设备和管理水平有限给客户造成的生活、工作轻微不便，而非人为因素造成的影响，通过改进可以较易得到解决或改进的投诉
重要投诉	因公司的管理服务工作不到位、有过失而引起的投诉
重大投诉	（1）在一个月内得不到合理解决的投诉 （2）合同规定或公司承诺提供的服务没有实施或实施效果有明显差距，经客户多次提出而得不到解决的投诉 （3）由于公司责任给客户造成重大经济损失或人身伤害的投诉

9.3.2.3 调查投诉原因

通过各种渠道与方法调查该项投诉的具体原因，并及时进行现场分析，弄清投诉问题的症结所在。

9.3.2.4 确定责任人

依据调查与分析后所获得的信息，确定该项投诉由谁（责任人或责任单位／部门）负责专项落实与处理。

9.3.2.5　提出解决方案

通过由处理投诉事件的专项负责人或部门根据业主投诉的要求，提出解决投诉的具体方案。

9.3.2.6　答复业主

利用信函、电话、电子邮件及走访等方式及时和业主取得联系，将投诉方案告知业主，经业主认可后立即按照方案实施。

9.3.2.7　回访

在投诉事件全部处理完毕后，要进行回访，向业主征询投诉事件处理的效果。

（1）投诉处理完毕后，客服员（客服主管）应当在 24 小时内对客户进行回访（回访的方式包括电话、上门、微信等）；

（2）对客户不满意的处理结果，要将客户的意见作为新的投诉进行重新处理。

9.3.2.8　总结评价

物业管家可以按照月或季度将各类投诉记录文件归类存档，同时进行总结、检讨和评价。

9.3.3　投诉处理制度

任何一家公司都无法避免地会遇到一些顾客抱怨和投诉的事件，即使是最优秀的企业也不能保证永远不发生失误或不引起顾客投诉。因此，物业公司通常会制定并完善物业管理投诉处理制度。

【实战范本 02】客户投诉处理管理规定

客户投诉处理管理规定

1. 目的

通过对客户投诉处理的流程、处理权限和时限的界定，以确保客户的抱怨能得到及时、有效、合理的解决，并建立和完善投诉事件的档案管理与跟踪服务，以确保公司的服务质量。

2. 适用范围

本公司物业管理服务过程中发生的由公司总部受理的客户投诉处理。

3. 定义

投诉是指客户通过各种方式反映的，与物业管理的服务质量相关的不满或抱怨。

4. 职责

4.1 公司品质保证部负责客户投诉的整个过程控制、汇总分析和客户管理。

4.2 公司总经理室负责投诉处理全过程的监控、重大投诉的批示及相关资源的协调。

4.3 公司各部门负责相关的客户投诉的处理。

5. 投诉信息的来源

5.1 来电：以电话形式反映的投诉信息。

5.2 来访：到公司上门反映的投诉信息。

5.3 信访：寄至公司或由其他部门和单位转来的投诉信函。

5.4 工作联系：在与相关部门（业委会、街道办事处、居委会、派出所、开发商等）工作联络中反映的投诉信息。

5.5 有关媒体（网络、报刊、广播、电视等）报道的投诉信息。

5.6 意见征询：客户满意度或满意率调查中反映的投诉信息。

5.7 其他来源的投诉信息。

6. 工作程序

6.1 受理

6.1.1 公司各部门员工获得投诉信息后，应立即传递给品质保证部；

6.1.2 投诉接待人员将获悉的投诉信息填写在"客户投诉记录表"上，并立即进行初步核实；

6.1.3 投诉接待人员根据初步核实情况，填入"客户投诉调查报告"上的"投诉内容"一栏内。

6.2 发单

6.2.1 根据"客户投诉调查报告"的内容分析，如果客户投诉对象是现场服务质量问题，那么投诉接待人员必须在两小时内将"客户投诉调查报告"通过公司电子邮件或传真形式，传递给相关的物业服务中心负责人，以电话方式确认，并在"客户投诉记录表"上的"发单时间"一栏里记录，同时抄送运营管理部经理及公司总经理室。

6.2.2 根据"客户投诉调查报告"的内容分析，如果投诉内容是物业服务中心负责人，或以二人以上形式投诉的、客户另有要求的，投诉接待人员必须在两小时内将"客户投诉调查报告"通过公司电子邮件或传真的形式，传递给运营管理部负责人，以电话方式确认，并在"客户投诉记录表"上的"发单时间"一栏里记录，同时抄送总经理室。

6.2.3 根据"客户投诉调查报告"的内容分析，如果投诉对象是其他职能部门、部门负责人或重大投诉案件，投诉接待人员必须在两小时内将"客户投诉调查报告"通过公司电子邮件或传真的形式，传递给总经理室，通过电话确认，并在"客户投诉记录表"上的"发单时间"一栏里记录。投诉接待人再根据总经理室批示，进行发单处理。

6.2.4 如果是在非工作时间接待的投诉，投诉接待人员可以在两小时内先以电话的形式通知投诉处理人，之后再补填发单。

6.3 处理

6.3.1 接到"客户投诉调查报告"的投诉处理人，必须在24小时内与客户联系，与客户确定解决时限，并上报投诉接待人员，投诉接待人员在"客户投诉记录表"上的"处理跟进情况"一栏里记录。

6.3.2 投诉处理人在与客户确定解决问题的时限前必须向投诉接待人员回复投诉处理过程。

6.3.3 投诉处理人在处理投诉过程中，超过约定时限的，投诉接待人将该投诉升级，上报总经理室批示处理。

6.3.4 投诉处理完后，投诉处理人负责在"客户投诉调查报告"上的"原因分析""处理过程和结果"栏目里填写。

6.3.5 "客户投诉调查报告"及时以电子邮件的形式送达运营管理部批准，然后由运营管理部以电子邮件的形式送达至质保部的投诉接待人员邮箱。

6.4 回访

6.4.1 投诉接待人员接到"客户投诉调查报告"后，立即与投诉当事人进行核实，得到确认后，在"客户投诉调查报告"上的"客户反馈意见"和"客户投诉记录表"上的"封闭时间"一栏里记录。

6.4.2 若经核实，处理结果记录与客户反馈意见不一致时，投诉接待人员在汇报总经理室的同时，予以退回重新处理，按照6.3.1序列进行，并在"客户投诉记录表"的"处理跟进情况"一栏里记录。

6.5 投诉信息管理

6.5.1 对于已经处理完成的投诉处理，投诉接待人员在两个工作日内，将"客户投诉调查报告"以电子邮件的形式发送总经理室等待批示。

6.5.2 总经理室在两个工作日内对"客户投诉调查报告"处理结果进行批示。

6.5.3 投诉接待人员将"客户投诉调查报告"的电子文档打印出来，在十个工作日内由相关人员签名确认后归档。

6.5.4 投诉接待人员根据总经理室的批示要求，负责在三个工作日内在公司网站上公示。

6.5.5 品质保证部负责在物业服务中心经理会议上通报和汇总分析投诉信息。

6.5.6 品质保证部负责人在公司业务会议上对客户投诉的分析结果进行汇报。

6.5.7 品质保证部负责将投诉数据提供给人力资源部作为绩效考核的依据。

6.6 客户沟通

6.6.1 投诉案件处理完毕后十个工作日内，由投诉接待人员以公司名义给客户邮寄一份"慰问暨感谢信"，并予以记录。

6.6.2 由投诉接待人负责对投诉客户建立档案，并采用电话、信函、上门、邮寄公司司刊等形式进行定期或不定期的跟踪回访，并在客户档案中予以记录。

6.6.3 对于客户沟通中得到的反馈信息，应及时记录，并做投诉或表扬规程处理流转。

6.6.4 品质保证部每季度向总经理室汇报一次客户沟通情况。

6.6.5 品质保证部负责保存客户沟通记录。

客户投诉记录表

编号：

投诉时间	信息来源 投诉人	投诉内容	地址／ 联系方式	发单时间 投诉处理人	处理跟进情况	封闭时间 投诉接待

客户投诉调查报告

投诉编号		投诉时间		投诉人	
投诉方式		联系电话		投诉接待人	
联系地址				投诉处理人	
投诉内容：					
投诉对象	A. 秩序服务□　　B. 保洁服务□　　C. 维修质量□　　D. 行为规范□ E. 绿化服务□　　F. 部门服务□　　G. 整体服务□　　H. 其他服务□				
原因分析（须说明过失人）及纠正措施（须说明工作内容、责任人、完成时间）：					
制定人／日期：　　　　　　　　　　　　　审核人／日期：					
客户反馈意见：					
回访形式：面谈　　客户签名：＿＿＿＿＿＿＿＿　电话号码：＿＿＿＿＿＿＿＿ 　　　　　　邮件　　地址：＿＿＿＿＿＿＿＿＿＿　其他：＿＿＿＿＿＿＿＿＿＿ 回访人／日期：					
总经理室批示：					
归档日期			归档负责人		

9.4　客户投诉的处理

　　物业管家应站在客户的角度，尽最大可能解决客户的实际问题，提升客户满意度。

9.4.1　投诉处理原则

　　物业管家有效处理户投诉要遵循图 9-5 所示的六大原则。

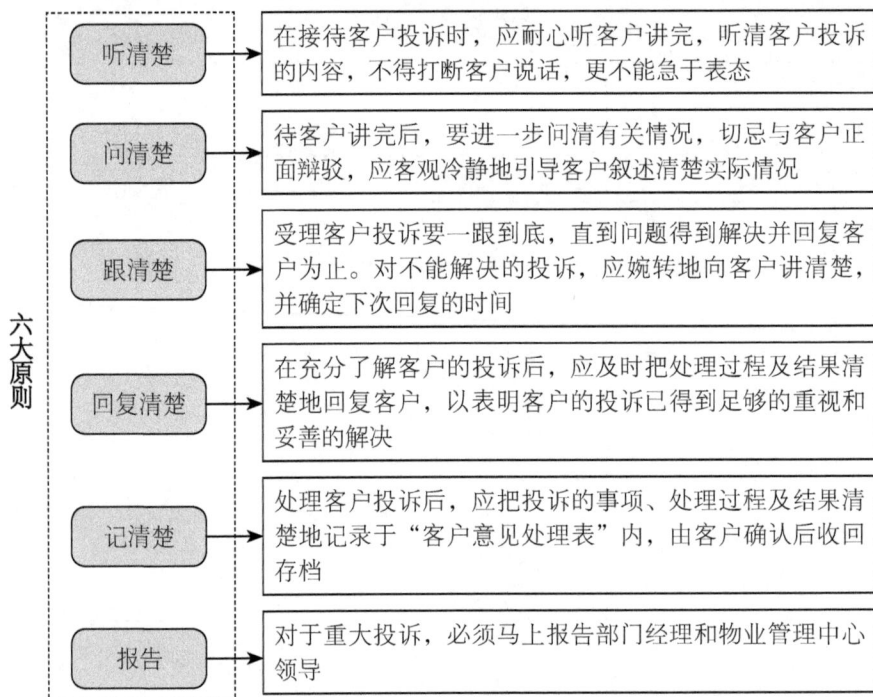

图 9-5　客户投诉有效处理的六大原则

9.4.2　投诉的常规应对策略

物业管家在处理投诉时，应本着"细心细致、公平公正、实事求是、依法合理"的原则，以国家的法律、地方法规、行业规定及业主公约、用户手册为依据，实事求是地解决问题，消除用户的不满。处理用户投诉，一般采取如下策略。

9.4.2.1　耐心听取或记录投诉，不当面解释或反驳业主意见

业主前来投诉，是对物业公司某些方面的服务或管理有了不满或意见。此时若物业管家一味解释或反驳业主的投诉，业主会认为物业公司不尊重其意见，这样会加剧对立情绪，甚至产生冲突。所以，物业管家要耐心听业主"诉苦"并进行记录，使业主感觉到物业公司的诚意。

9.4.2.2　对业主的遭遇或不幸表示歉意或同情，让业主的心理得以平衡

用户投诉的问题无论大小，物业管家都要认真对待，要采取"移情换位"的思维方式，设身处地站在业主的立场上，感受业主遭遇的不幸，拉近与业主的心理距离。

9.4.2.3　对业主的投诉提出处理意见，满足业主的合理要求

物业公司要站在"公平、公正、合理、互谅"的立场上向业主提出处理意见，同时，协调解决好业主遇到的困难和问题，满足业主的合理要求。

9.4.2.4　感谢业主的意见和建议，将其作为改进工作和完善工作的依据

投诉是业主与物业公司矛盾的最大屏障。业主能向物业公司投诉，表明业主对物业公司还是持信任态度的，物业公司要对业主的信任表示感谢，并把业主的投诉加以整理分类，作为改进管理和服务工作的依据。

9.4.2.5　督促相关部门立即处理投诉内容

投诉处理的实际效果直接关系到物业公司的声誉及整体管理水平。投诉处理的关键是尽快分析投诉内容，查清原因，督促有关部门及时处理，达到预期结果，并使业主满意；要确保不再发生同样问题，坚决杜绝"二次投诉"的发生。

9.4.2.6　把投诉处理结果尽快以电话或信函的形式反馈给业主

尽快处理投诉，并给业主以实质性答复，这是物业管理投诉工作中的重要一环。业主口头投诉可以电话回复，一般不应超过一个工作日；业主来函投诉则应回函答复，一般不应超过三个工作日。

9.4.3　投诉处理的具体操作

9.4.3.1　投诉的受理

（1）客服中心接到业主的投诉后应及时登记，受理业主投诉时应收集的信息包括业主的姓名、地址、电话、投诉事件等。受理业主投诉时应注意表示对业主的尊重和关心，了解事件的真相、业主的感受和业主想通过投诉达到的目的，受理结束时，要向业主致歉或感谢其对物业服务工作的支持。受理邻里纠纷投诉时，注意不要强行索要业主房号、姓名等，以免投诉业主反感。

（2）受理人员对于不了解的事情切忌猜测和主观臆断。受理人员能够及时处理的投诉要及时处理，不能及时处理的，应与业主明确最快反馈信息的时间，然后立即将投诉信息转交部门客户服务负责人（或指定岗位），由客户服务负责人（或指定岗位）处理客户投诉。

（3）客服中心各类员工接到业主投诉时均应准确记录并及时反映至指定岗位。

（4）客服中心每日须对当日受理的投诉进行日盘点，以防止遗漏，延误投诉处

理的时机，导致投诉升级或矛盾激化。

9.4.3.2　投诉的处理

（1）客户服务负责人根据投诉内容，安排协调专业人员到现场了解投诉信息。

（2）根据了解的情况拟定处理措施，在约定或规定的时间内进行回复。

（3）如果业主同意，则按双方达成的一致意见处理；如果业主不同意，则进一步与业主沟通和协商，直至双方达成一致意见。

（4）客服中心努力后仍不能及时处理的投诉，应及时向公司品质部报告，由品质部负责处理、跟进和回访。

（5）对于业主的无理投诉，也应该给予合理、耐心的解释，通过适当的沟通技巧让业主接受。

9.4.3.3　网上投诉处理

（1）客服中心应重视网上投诉的负面效应，安排人员关注网上投诉，及时将网上投诉告知被投诉业务负责人或指定岗位人员调查投诉事件真相。

（2）被投诉部门应立即调查、了解投诉事件，并将事实情况及拟处理措施经部门负责人审批后反馈至客户服务中心和公司品质部，严禁公司员工在网上回复。影响面较大的，可能会出现跟帖或群诉的网上投诉，处理措施须先报公司品质部审核。

（3）投诉产生或客户服务中心转发投诉信息后在限定时间内须有回复，工作时间内的网上投诉在当天内应有具体措施的回复，非工作时间内的网上投诉应在上班后的当天内有具体措施的回复。

（4）对网上投诉，不要推卸责任，回复内容要涵盖所有的投诉问题；要体现专业性，避免消极应付，对网上投诉不能采取轻视态度，防止出现因回复不当导致众多跟帖、引发公愤的现象。

9.5　客户投诉回访

客户投诉处理完毕经过验证合格后，物业管家应及时回访客户，并对客户意见进行记录。

9.5.1 无须回访的情况

以下三种情况无须回访。

（1）现场已处理并得到客户满意确认的投诉。

（2）匿名投诉、无法确定联络方式的网络投诉。

（3）不便回访的敏感投诉等。

9.5.2 回访内容、形式

回访主要是征询客户对投诉受理过程、处理措施、处理结果的意见，回访形式包括电话交流、上门访谈、网上回帖和调查问卷等。

9.5.3 注意事项

如业主非常抗拒回访或访谈，一定要记录清楚，避免因回访或访谈再次造成投诉。

9.6 建立客户投诉档案

物业管家可以按月或季度将各类投诉记录文件进行归类存档,总结教训与经验,完善和改进管理及服务工作，从中积累处理经验。

客户投诉处理过程中形成的记录均为该投诉的档案。

（1）客户投诉处理完毕后需将客户投诉档案统一永久保存。

（2）通常是客户服务中心指定专人收集涉及本部门的投诉，并纳入统计分析,保存有关资料。

（3）重大投诉应单独立卷保存。

9.7 客户投诉的统计分析

9.7.1 客户投诉统计

客户服务中心应每月统计一次客户投诉（如表9-4所示）。统计内容包括对投诉产生的原因或性质的分析，投诉总件数、具体内容、采取的纠正措施及经验教训总结（即拟采取的预防措施）、投诉处理结果（是否关闭）等。

（1）统计的投诉应包含通过各种途径受理的各种形式的投诉，包括来访、来电、书信、电子邮件、网上论坛等，同时也包含上级公司、相关单位传递的与物业服务相关的投诉。

（2）所有受理的一线投诉，投诉受理人都应完整记录，由专人负责核实，确定是否予以统计分析。

（3）对于同一客户提出的不同投诉，应在对应的投诉类型中进行分别统计。

（4）多次多人对于同一事件投诉，按一件投诉统计，但应在投诉内容中具体说明投诉人数、次数及影响程度。

（5）对于网上投诉的统计，应按投诉内容区分，多次多人对于同一事件投诉或跟帖，按一件投诉统计，但应具体说明跟帖反应热度及影响程度，对于跟帖中出现的新内容的投诉应另行统计。

（6）所有投诉应按其产生的最终原因进行分类统计，避免根据客户投诉时所描述的表象进行分类（除分类定义指定外）。

（7）投诉是否关闭，以回访验证时客户对投诉处理结果是否满意作为判断依据，对于无须回访的投诉，以处理完毕后一周内无再次投诉作为投诉关闭的判断依据。

表9-4　客户投诉统计、分析表

时间				回访方式			客户满意度		
物业服务中心									
投诉类别	数量	已处理	已回访	电话	登门	其他	满意	一般	不满意
房屋管理类									
设备管理类									
秩序管理类									
环境管理类									
综合服务类									
客户纠纷类									
开发相关类									
其他类									

（续表）

未完成原因分析			
投诉类别	未完成	原因分析	备注
房屋管理类			
设备管理类			
秩序管理类			
环境管理类			
综合服务类			
客户纠纷类			
开发相关类			
其他类			
受诉类别量/值分析：			
处理量/值分析：			
回访量/值分析：			
客户满意度分析：			
总体分析及预防措施：			

9.7.2　客户投诉的分析方法

投诉分析的内容应包括对投诉总量、投诉类型、投诉趋势等的比较和原因分析，针对性的纠正措施，重点投诉、代表性投诉个案的深度剖析等，同时建议深层次挖掘投诉产生与项目定位、客户群体、服务标准、收费标准、资源成本等方面的关系，为今后同类项目的物业管理服务提供依据。具体分析要素如下。

9.7.2.1　投诉总体分析

投诉总数及其发展趋势分析（各时间段的纵向比较）、各月份投诉量的分析及产生原因，如投诉与新业主入住或新员工培训不到位等因素有关。

各专业投诉总数及相应的业务强弱项分析，找出工作不足之处并采取措施避免类似投诉发生（着重挖掘客户关注业务，并进行横向比较分析）。

9.7.2.2 投诉重点分析

投诉比较多的专业投诉原因的细项分析，具体可参照影响服务过程质量的人、机、料、法、环五大因素，如表9-5所示。

表9-5　客户投诉分析的重点

序号	因素	说明
1	人	由于物业工作人员因素影响服务质量而引起的投诉，具体分为： （1）服务态度，即职业道德、敬业精神、服务礼仪、服务心态等 （2）服务规范，即是否严格按照公司有关规定、流程、标准、时限提供服务 （3）服务技能，即是否拥有岗位应具备的基本技能、专业知识和服务技巧等
2	机	由于物业服务设施因素影响服务质量而引起的投诉，具体分为： （1）外观完好性，即服务设施外观是否完好，包括外观整洁、没有破损、没有安全隐患、配件和说明书齐全等 （2）质量合格性，即服务设施质量是否合格，是否经常失效等 （3）功能适用性，即服务设施功能是否适用，其设置是否充分发挥了功效，达到了预期的管理服务目的
3	料	由于物业服务过程中使用的物料（主要是低值易耗品等）或提供的信息等因素影响服务质量而引起的投诉，具体分为耐用性、经济性、准确性
4	法	由于物业服务过程规范、流程、标准、管理方法、服务方式等因素影响服务质量而引起的投诉
5	环	由于外部环境因素影响服务质量而引起的投诉

9.7.2.3 投诉个案分析

主要针对具有代表性和影响面大的投诉，分析内容包括投诉要点及突出反映的问题，产生投诉的原因，处理过程和结果，事件恶化的原因，经验教训和纠正措施等。

9.7.2.4 投诉情况总结及建议

对投诉的处理措施、建议进行分析，找出一些有效的方法。

9.8　客户投诉话术

优秀的物业管家只有掌握多种多样的话术，才能在处理客户投诉的过程中取胜，使服务工作顺利进入下一个阶段。

9.8.1　感同身受

（1）我能理解。

（2）我非常理解您的心情。

（3）我理解您为什么会生气，换成是我，我也会跟您一样的感受。

（4）请您不要着急，我非常理解您的心情，我们一定会竭尽全力为您解决的。

（5）如果我碰到这么多麻烦，也会是您现在这样的心情。

（6）发生这样的事，给您带来不便了，不过我们应该积极面对，对吗？

（7）没错，如果我碰到这么多的麻烦，我也会感到很委屈的。

（8）我非常理解您的心情，请放心，我们一定会查证清楚，给您一个满意的答复。

（9）我真的很能理解，请放心，我们一定查证清楚，然后给您回复。

（10）您好，给您带来这么多的麻烦实在是非常抱歉，如果我是您的话，我也会很生气的，请您先消消气给我几分钟时间解释一下原因可以吗？

（11）您说得很对，我也有同感。

（12）给您造成的不便非常抱歉，我们的心情跟您一样。

（13）您的心情我可以理解，我马上为您处理。

9.8.2　被重视

（1）先生，你都是我们认识 ×× 年的业主了。

（2）您是长期支持我们的业主了。

（3）先生 / 小姐，很抱歉之前的服务让您有不好的感受，我们对于业主的意见是非常重视的，我们会将您说的情况尽快反映给相关部门去改进。

9.8.3 用"我"代替"您"

（1）您把我搞糊涂了——（换成）我不太明白，能否重复下您的问题。

（2）您搞错了——（换成）我觉得可能是我们的沟通存在误会。

（3）我已经说得很清楚了——（换成）可能是我未解释清楚，令您误解了。

（4）您听明白了吗？——（换成）请问我的解释您清楚吗。

（5）啊，您说什么？——（换成）对不起，我没有听明白，请您再说一遍好吗？

（6）您需要——（换成）我建议……/您看是不是可以这样……

9.8.4 站在业主角度说话

（1）这样做主要是为了保护您的利益。

（2）如果谁都可以帮您办理这么重要的业务，那么对您的利益是很没有保障的。

（3）我知道您一定会谅解的，这样做就是为了确保像您一样对我们有着重要意义的业主的权益。

9.8.5 拒绝的艺术

（1）×女士，我很能理解您的想法，但非常抱歉，您的要求我们暂时无法满足，我会先把您遇到的情况反馈给相关部门，查证后再与您联络好吗。

（2）您说的这些，确实是有一定的道理，如果我们能帮您一定会尽力，不能帮您的地方，也请您谅解。

（3）尽管我们暂时无法立刻处理或解决这件事情，但我可以做到的是……

（4）感谢您的支持！请您留意以后的通知。

（5）×先生/小姐，非常感谢您的反馈，我们会尽最大的努力改进这方面的问题，也希望您能一如既往地支持和监督我们的工作，谢谢。

（6）×小姐，您的心情我能够理解，您希望我们怎样帮您解决呢。

（7）×先生，您是×小区的业主，尽量让您满意是我们的工作要求，不好意思，您说的这些，确实有一定的道理，如果我们能帮您，一定会尽力，不能帮您的地方，也请您谅解。

9.8.6 缩短通话

（1）您好，为了方便您了解（记忆），我现在将该内容通过短信（邮件）发给您，请您留意查询。

（2）因涉及的内容较多，具体内容我会通过邮件方式发给您详细了解，好吗？

9.8.7　如何让客户"等"

（1）不好意思，耽误您的时间了。

（2）等待之前先提醒："先生／小姐，请您稍等片刻，我马上为您查询。"

（3）等待结束恢复通话："先生／小姐，谢谢您的等待，已经帮您查询到……／现在帮您查询到的结果是……"

（4）请您稍等片刻，马上就好。

（5）由于查询数据需要一些时间，不好意思要耽误（您）一点时间。

（6）感谢您耐心地等候。

9.8.8　记录内容

（1）请问您方便提供具体情况吗（发生的详细地址、时间、现象等）？我们给您记录，便于我们尽快查询处理，感谢您的配合。

（2）谢谢您向我们提供的宝贵意见，我们会将该意见向有关部门反映。

（3）我非常希望能够帮助您，针对这件事，我们一定会有专人帮您处理，请您放心……

（4）这可能是我们工作人员的失误，我们会马上反馈您的问题，请放心，我们会给您一个满意的处理结果。

（5）×先生／小姐，您的提议我很认同，我会记录下来，希望能够尽快实施！非常感谢您的宝贵意见。

（6）非常抱歉，给您造成不便，请您稍等，我们马上核实一下，好吗？如确有故障，跟客户解释："谢谢您跟我们反映此情况，我们会马上上报故障处理，请您稍候，好吗？"

（7）非常抱歉，给您造成不便，出现此情况肯定是某个环节出现了问题，您可以放心，如果是我们的问题，我们一定会负责到底，给您一个说法。

9.8.9　其他

（1）如果您对我的解释不满意，可以提出您的建议，以便我们以后改善？

（2）您的满意是我们的追求，祝您有个好心情。

（3）"请输入您的密码验证，请关注页面提示"，把关注页面提示放在后面可起提示作用。

（4）感谢您的建议。

（5）非常感谢您的耐心等待。

（6）别着急，请您慢慢讲，我会尽力帮助您的。

（7）感谢您的批评指正，我们将及时改正，不断提高服务水平。

（8）谢谢，这是我们应该做的。

（9）我们会将您反映的问题与相关部门联系，请您留下联系电话，我们将在 × 小时内给您答复。

（10）也许我说得不够清楚，请允许我再解释一遍。

（11）请问您具体遇到了什么麻烦，您放心，我们一定会尽力帮您。

（12）请告诉我们您的想法，我们很乐意聆听您的意见。

（13）先生／小姐，非常感谢您把您遇到的麻烦及时告诉我们。

（14）您是我们非常好的业主，我们会第一时间帮助到您！

学习思考

1. 物业客户投诉的内容有哪些?

2. 投诉者通常有什么样的心态?

3. 物业管家应当以何种心态去理解与善待业主（用户）的各类物业管理投诉?

4. 何谓物业管理投诉处理首问责任制?

5. 物业管理投诉处理的过程是怎样的?

6. 投诉处理应遵循哪些原则?

7. 投诉的常规应对策略有哪些?

8. 处理投诉的过程中有哪些细节需要特别注意?

9. 有哪些投诉是不需要回访的?

10. 投诉回访的内容和形式是什么?

11. 如何建立客户投诉档案?

12. 如何进行客户投诉统计?

13. 客户投诉的分析方法有哪些?

14. 客户投诉分析的重点是什么?

学习笔记

_____

_____

_____

_____

_____

第十章　公告、通知类文书写作

▶ **学习目标**

　　1. 能描述发布公告、通知的要求。

　　2. 能概括通知、简讯、提示、通告、启事的定义、写作格式，能熟练地写作各类公告、通知类文书。

导读 >>>

由于物业公司提供的产品是无形的服务，而且很多服务是业主不易感知到的，所以很多业主对物业管家所做的大部分工作毫不知情，如房屋及设备设施的日常维护和保养，每月化粪池的清掏，公共设施的消毒等。因此，在日常的物业管理活动中，物业管家在告示栏里可以通过一些通知、简讯、提示、通告、启事等来告知业主有关物业服务的事项。

10.1 发布公告、通知的要求

10.1.1 布告栏

物业公司一般会安装统一的布告栏，以便业主（用户）注意布告栏中公告的内容（如图 10-1 所示）。

布告栏应制作精美、大方，与周围环境相映衬，以保证小区内公共场所的美观。

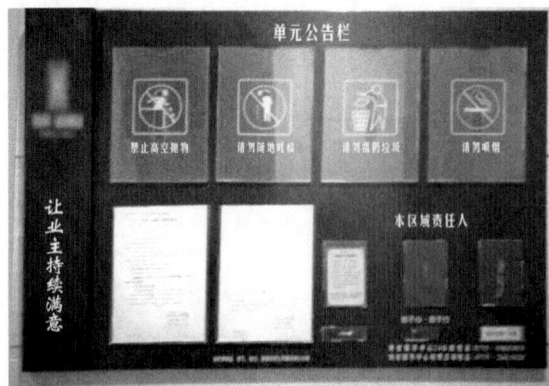

图 10-1　公告栏

10.1.2 布告应有较高的认可及接受度

布告一般是物业公司单方面发布的，属于物业公司与业主（用户）沟通的一种特殊形式。所以在拟订布告内容时，为保证业主（用户）对布告有较高的认可及接受度，应注意以下几点。

（1）形式要规范

物业公司向业主（用户）发布的日常布告主要有通知、启事、通告、提示、简讯等形式。无论哪一种形式，都属于公文的一种，格式要求规范，因此，发布日常布告时应注意形式规范。

（2）一个布告只发布一个信息

物业公司发布新的布告后，大部分业主（用户）都是在经过布告栏时顺便留意内容，停留的时间很短。为使业主（用户）能在最短的时间内得到准确的信息，最大限度降低信息的流失量，发布时应注意布告内容单一，避免有多个不同内容出现在同一布告内；布告的语言要简练明确，尽量使篇幅短小精悍，以保证信息传达得快速而准确。放置在公告栏里的通知如图10-2所示。

图10-2　放置在公告栏里的通知

10.1.3 语言要灵活

不同形式的布告，内容也不一样，物业公司发布的每一类布告都有其不同的目的，业主（用户）收到信息时的反应效果也各不相同。这些差异主要通过语言组织、措辞等表现出来，不同的语言表达可体现出发布者的不同态度。因此，为使业主（用户）能够更准确地接收信息，可在语言上灵活运用，将实际目的准确地表达出来。

10.1.4 版面应严谨

在以居住为主的小区内，由于布告对象较多，物业工作人员应注意布告版面的严谨性。对于纸张的大小、字体类型及颜色等应做统一规定，如发布通知、通告等布告时采用 A4 型纸张、宋体字。另外，对字体的大小也可做统一的规定，如标题用三号字，正文用小四号字等。

10.1.5 符合礼仪规范

物业工作人员在拟订布告文稿时，应使用礼貌用语，如文稿抬头使用"尊敬的业主（用户）"，正文中对业主（用户）的称谓使用"您"等敬称。另外，无论发布任何类别的布告，都应始终保持对业主（用户）的尊敬，决不能使用过分批判甚至侮辱性的文字。如确有必要批评业主（用户），也应使用婉转的措辞，以取得满意的效果。

10.2 通知的写作要求与范本

通知属于一般性的日常公告，也是使用最多的一种公告形式。通知的内容大致包括收缴费用、停水停电、办理各类手续、公共场地消杀、清洗外墙、公共设施改造等。

拟稿时应注意语言的简洁、平实，避免拖沓冗长及使用过多的修饰语句，一般开篇就切入主题，将内容表达清楚后即可结束。

10.2.1 为业主带来不便的工作的通知

发布停电停水、清洗外墙、公共设施改造、公共场地消杀等通知时，在标题中最好标明主题内容，以引起业主的注意；正文要写明原因、具体起止时间、注意事项、咨询电话等，在表达比较重要的事项时可用区别于其他文字的特殊字体。由于此类事务会给业主的生活带来一些不便，所以在通知中须向业主表示歉意，通常可表述为"不便之处、敬请谅解！"

"通知"的写作格式与要求如表 10-1 所示。

表 10-1　通知的写作格式与要求

项目	基本要求
标题	通知，可标明主题，如停水通知
首行	填写通知要发放到的人员，如"尊敬的各位业主（用户）"
正文	（1）原因 （2）具体起止时间 （3）注意事项 （4）联系电话
落款	物业公司盖章、日期

【实战范本 01】停水通知

停水通知

尊敬的各位业主（用户）：

　　为了让大家用上清洁干净的生活用水，管理处定于____年__月__日晚上_____
__点至____年__月__日早上_____点对地下水池进行清洗，其间将暂停供水，请
大家备好生活用水，不便之处，敬请谅解。

　　服务电话：

××物业管理有限公司
管理处
____年__月__日

【实战范本 02】停电通知

停电通知

尊敬的各位业主（用户）：

　　我公司接供电局停电通知，兹因高压电房设备维修工程计划从____年__月__日

（周六）上午_____时至_____时止对本小区停止供电，请互相转告，不便之处敬请谅解！

停电期间，我们将启用发电机组供电，请大家节约用电，尽量减少使用空调。若相关单位确需进行用电作业的，请拨打我们的服务热线：_____。

××物业管理有限公司

管理处

____年__月__日

【实战范本 03】清洗外墙通知

清洗外墙通知

尊敬的各位业主（用户）：

为了美化园区，给广大业主提供一个干净明亮的生活环境，我司定于____年__月__日起对园区各楼体墙面及户外玻璃进行清洗工作。不便之处，敬请谅解！

物业公司会在单元门内通知具体清洗安排，请您近期注意相关通知。在清洗外墙时，请您注意以下事宜：

1. 在外墙清洗过程中，望各位业主关好各家窗户及阳台门，以免污水溅入户内影响您的正常生活；

2. 若您发现有污水溅入户内的现象，请及时致电我司客服中心；

3. 若您有事在外无法回到户内关闭门窗，请及时联系管理处；

4. 若您对外墙清洗有质疑，请及时致电客服中心咨询。

我们将为您提供优质满意的服务。

××物业管理有限公司

管理处

____年__月__日

【实战范本 04】关于灭鼠的通知

关于灭鼠的通知

尊敬的各位业主（用户）：

您好，春天临近，为了防止小区出现鼠患，我司将从＿＿年＿月＿日起到＿月＿日，每天＿＿＿＿至＿＿＿＿（时段）在草坪等公共区域内投放鼠药，次日＿＿＿＿至＿＿＿＿（时段）收药。请各位业主（用户）在此期间注意安全，特别是一定要看管好自己的小孩，家中有宠物的业主（用户）也要照顾好自己的宠物，以免其误食。谢谢合作！

××物业管理有限公司

管理处

＿＿＿年＿月＿日

【实战范本 05】公共场地消杀通知

公共场地消杀通知

尊敬的各位业主（用户）：

根据绿化养护安排和需要，近期我司将对本园区植物、草坪进行喷药杀虫作业。

持续时间：＿＿＿年＿月＿日至＿＿＿年＿月＿日。

喷药时间：09：00—12：00、14：00—18：00。

届时，请您远离打药工作区域，关闭门窗、减少户外活动并看管好您的小孩、带好您的宠物。

由此给您带来的不便，敬请谅解！

如有疑问，请致电客服前台：

谢谢合作！

××物业管理有限公司

管理处

＿＿＿年＿月＿日

【实战范本 06】电梯暂停服务通知

~~~~~~

电梯暂停服务通知

大厦名称：   座号：

电梯编号：   保养编号：

梯种：□电扶梯   □电梯/货梯   □液压梯

暂停服务原因：

处理程序：

由单位负责，是否需要停止服务：是□   否□

停止服务日期：由_____至_____止或另行通知。

备注：

经理签名：   日期：

客户签名：   日期：

~~~~~~

【实战范本 07】换水表通知

~~~~~~

换水表通知

尊敬的业主、住户：

如果您家的水表已模糊不清，无法正确计量您家的用水量，请您见通知后尽快和管理处联系更换水表，管理处联系电话：_____。

特此通知

<div align="right">

××物业管理有限公司

管理处

____年__月__日

</div>

~~~~~~

【实战范本 08】文明养犬通知

文明养犬通知

尊敬的业主、住户：

近期发现部分养狗的业主、住户遛狗时没有专人看守，严重破坏了美好的居住环境，希望养狗的业主、住户在遛狗时用绳索牵好，不要让犬只咬到别人。

据区疾控中心的数字统计，今年 1—5 月被狗咬伤到区疾病预防控制中心注射狂犬疫苗的人数为 1 776 人，估算平均每天超过 11 人以上，这个数字仅占犬伤中的 65%～70%，还有 30%～35% 未接受犬伤治疗，数量大大超过去年同期，并超过去年全年数（1 600 人次），虽然目前没有发生狂犬病致人死亡事件，但危险仍让人担忧。

请小区业主尽快到相关部门办理合法养狗手续，定期进行防疫处理，对没办理合法手续的犬只，管理处和业主委员会将依法报请犬只管理部门进行处理。

被狗咬后的处理应急办法如下。

1. 确定咬人的狗或其他动物已被控制，使你和伤者不会再有危险。用干净水冲洗伤处。不要在伤处涂擦任何软膏或其他类似药物。

2. 在伤处置一干净软垫并包扎。呼叫医疗救助或将伤者送至医院进行处理。

××物业管理有限公司

管理处

____年__月__日

10.2.2　需业主协助工作的通知

由于收缴费用、办理各类手续等事务需要业主协助，由管理处和业主共同完成，所以在发布时需注意内容要明确、突出，可在颜色、字体上突出重要的部分，给业主最直观的信息。同时应对业主给予的协助表示感谢，如"特此通知，谢谢大家的合作"。

其具体写作格式与前一类通知类似。

【实战范本 09】出入刷卡通知

出入刷卡通知

尊敬的业主、住户：

接近年关，治安形势比较复杂，为了让大家拥有一个安全的居住环境，请大家出入大门时刷卡进出，并警惕陌生人跟随进入，没有办卡的业主、住户请尽快来管理处办理。

特此通知。谢谢大家的合作！

×× 物业管理有限公司

管理处

____年__月__日

10.3　简讯的写作要求与范本

简讯类公告一般用于发布社区文化活动信息、管理处便民服务信息等。由于社区文化活动、便民服务等需要业主积极参与，所以，在拟订该类文稿时，从标题到内容都可采用较灵活的形式，如标题可使用"好消息""喜讯"等；版面上可采用艺术字且色彩鲜艳，语言组织上可以使用具有煽动性的措辞，让业主感受到发布者的盛情邀请。

简讯的写作格式与要求如表 10-2 所示。

表 10-2　简讯的写作格式与要求

项目	基本要求
标题	好消息、喜讯等
首行	填写简讯要告知的人员，如"尊敬的各位业主（用户）"
正文	灵活多样，可以介绍事情的经过和好消息的达成情况
落款	物业公司盖章、日期

10.4　提示的写作要求与范本

　　物业公司发布的提示类公告，一般用于对特殊天气、气候的提示，对节日安全的提示以及对社区内公共设施使用安全的提示等。拟稿时在明确提示内容的前提下，语气应温和，要让业主在收到提示的同时感受到物业公司对业主的关怀及服务的真诚；普遍的做法就是将提示的标题拟为"温馨提示"。

　　提示的写作格式与要求如表 10-3 所示。

表 10-3　提示的写作格式与要求

项目	基本要求
标题	温馨提示，也可把主题加在温馨提示之前
首行	填写要提示的人员，如"尊敬的各位业主（用户）"
正文	（1）点明提示的主题 （2）罗列提醒业主（用户）要注意的事项
落款	物业公司盖章、日期

【实战范本 10】"五一"劳动节节日温馨提示

"五一"劳动节节日温馨提示

尊敬的各位业主、住户：

　　"五一"劳动节来临之际，管理处各项业务正常开展。在大家欢度节日的同时，管理处提醒业主、住户注意以下几点。

　　1. 外出的业主请您关好门窗，检查煤气阀、水龙头是否关好。

　　2. "五一"期间大多数天气为多云转阵雨，请大家将放在阳台的花盆移入室内，以免坠落伤人。

　　3. 请大家在外出时锁好门，左右邻居帮忙照看，发现可疑人物及时通知管理处（联系电话：＿＿＿＿＿＿＿＿）。

　　4. 春天正是鲜花盛开的季节，为了让我们的家园更美丽，希望大家不要采摘鲜花，美好的环境依靠大家自觉维护。

5. 如遇紧急情况请您及时拨打管理处 24 小时值班电话：_____

管理处全体员工恭祝大家节日愉快，万事如意！

××物业管理有限公司

管理处

____年__月__日

〜〜〜〜〜〜〜〜〜〜〜〜〜〜〜〜〜〜〜〜〜〜〜〜〜〜〜〜〜〜〜〜〜

【实战范本 11】"十一"国庆节节日温馨提示

〜〜〜〜〜〜〜〜〜〜〜〜〜〜〜〜〜〜〜〜〜〜〜〜〜〜〜〜〜〜〜〜〜

"十一"国庆节节日温馨提示

尊敬的业主（用户）：

您好！

"十一"国庆节即将来临，物业服务中心全体员工恭祝您节日快乐，万事如意！为使您和家人度过一个快乐、祥和、安全的假期，物业服务中心提醒您注意以下事项。

1. "十一"期间若您外出旅游，出行前请关闭室内的水、电、燃气阀门，门窗关闭后上锁，并将室内防盗系统设置在"设防"状态，请妥善保管贵重物品。如离家时间较长，请您到物业服务中心留下您的紧急联系方式及联系人，以便在发生紧急情况时做应急处理。

2. 夜间外出散步时注意自身安全，请到人员较多、光线明亮的地方；夜间休息时，请您将门窗关闭并将室内的防盗系统设置在"设防"状态；若发现周边有任何可疑情况，可通过电话或对讲与物业服务中心及时取得联系。

3. 北方秋季天干物燥且多风，请注意防火，室内及院落不要存放易燃、易爆、易挥发等物品，防止火灾发生；如您长时间外出，建议您不要将花卉等物品摆放在阳台或窗台等位置，以防止被风吹落造成损失。

4. 若您相约亲朋好友共度假期，请您在欢聚的同时不要影响邻居的正常休息。

5. "十一"假期期间为了给您创造一个和谐、安静的生活环境，10 月 1 日至 10 月 8 日全天禁止施工。请正在装修的业主监督施工单位自觉遵守上述要求，配合物业工作，同时请施工人员严格遵守《装修管理协议》内容，不在小区留宿，不做违反协议的施工。

6. 节日期间，本物业服务中心正常上班。

客户服务中心工作时间为：每日 9：00 ～ 17：30。

夜间服务中心工作时间为：每日 17：30 ～ 次日 9：00。

物业服务电话：＿＿＿＿＿＿＿＿＿

通知有效期至：10 月 10 日

××物业管理有限公司

管理处

＿＿＿年＿月＿日

【实战范本 12】春节温馨提示

春节温馨提示

尊敬的各位业主（用户）：

新春佳节即将到来，为了让广大业主度过一个平安、快乐的春节。我们对春节期间燃放烟花爆竹提出以下建议。

物业公司不赞成业主在小区内燃放烟花爆竹。为了不影响他人的正常生活，请勿在楼栋内、楼顶和自家阳台上燃放鞭炮。如您一定要燃放，建议到空旷的地方并在确保安全的前提下燃放。

希望您在小区度过一个安全、祥和的新春佳节！物业管理有限公司全体员工祝您春节快乐！身体健康！合家幸福！

××物业管理有限公司

管理处

＿＿＿年＿月＿日

【实战范本 13】冬季用电温馨提示

冬季用电温馨提示

尊敬的各位业主（用户）：

冬季是用电高峰，一些业主会在家中同时使用多种取暖设备，但一定要将安全用电放在首位。

____年__月__日20：08左右，有业主打电话向服务中心反映，本单元内一楼业主家入户门往外冒烟。客户服务中心值班的物业助理在接到业主反馈后，立即通知保安主管前往查看情况。业主家中无人，但已有黑烟陆续从门缝中漏出，显示出家中已失火。保安主管立即报警，及时与业主联系，并安排大门口岗位做好接警工作。客户服务中心的物业助理在联系到业主后，告知业主家中失火情况，并征求业主本人意见要求破门灭火。在该业主口头授权下，在110和众多邻居的见证下，保安队员先后把卧室的窗户、南阳台门砸碎，进入家中用瓶装灭火器进行灭火，并在随后赶来的消防队员的协助下将火扑灭。待业主赶回后，明火已经扑灭，家中的电视和电视柜虽已被烧毁，但因为抢救及时，没有造成更加严重的损失。

据统计，本小区已发生了近20起起火事件，有业主出门忘记关煤气的，也有线路老化的，还有电器使用不当的。

在此，物业公司做出如下温馨提示：

1. 业主出门，请务必关闭家中的电源开关；

2. 定期检查家中的电器线路，发现老化的要及时更换；

3. 最好购买家庭财产险作为保障；

4. 发现火警，请立即拨打119。

××物业管理有限公司

管理处

____年__月__日

【实战范本14】关于夏季小区安全防范的温馨提示

温馨提示

尊敬的各位业主（用户）：

夏季是安全隐患的高发季节，在此物业公司做出如下温馨提示。

1. 请在外出或夜间睡觉时关好自家的门窗，不要因为一时的疏忽给您带来不必要的损失。

2. 暑期儿童外出游玩须有成年人陪同，以防溺水等事故发生。

3. 暑假期间尽量不要留儿童一人在家，请关好家中燃气阀门。

4. 如有人上门收取公共事业费，请及时致业主服务中心电话，以免上当受骗。

5. 请将车辆关好门窗，不要将贵重物品放在车内，以免被盗。

6. 夏季也是暴雨、台风的高发季节，请各位业主定期检查阳台悬挂的不安全物品，发现阳台地漏堵塞后要立即自行疏通或通知物业进行疏通，以防雨水不能及时排泄而导致室内进水。

7. 如在小区里发现不安全因素或可疑人员，请拨打 24 小时值班电话或直接拨打 110 报警。

××物业管理有限公司

管理处

____年__月__日

【实战范本 15】关于防台风、防汛的温馨提示

关于防台风、防汛的温馨提示

尊敬的各位住户：

梅雨季节将至，请业主做好防台风、防汛方面的措施，物业公司特提出如下温馨提示。

1. 请检查自家的阳台地漏是否通畅，避免因为未及时检查、疏通而引起积水，导致家中家具、地板、墙面等受到影响。

2. 为了防范台风引起的损失，请您将放置在阳台上的物品如花盆等可移动物品移入室内，请重新检查和加固卫星天线，以减少安全隐患。

3. 在家里无人的情况下请关闭门窗，并将晾晒在外的衣物移入室内。

以上情况如有疑问，请拨打客户服务中心电话：_____

希望我们的服务给您带来更多的方便！

××物业管理有限公司

管理处

____年__月__日

【实战范本 16】关于儿童暑期安全的几项温馨提示

关于儿童暑期安全的几项温馨提示

尊敬的各位家长：

转眼间又到了孩子放暑假的日子，如何让孩子度过一个既安全又有意义的暑期生活，是每位家长都关心的问题，现物业公司就孩子的暑期安全问题提出如下温馨提示。

1. 如留孩子一人在家时，请提醒孩子注意燃气、家用电器的使用安全，以免造成无法挽回的损失。

2. 如留较小的孩子在家中，请提醒孩子远离阳台护栏及卧室窗户，杜绝安全隐患。

3. 孩子在小区玩耍或外出时，请提醒孩子多饮水，或采取必要的防护措施，以防中暑。

4. 孩子在家时，请提醒孩子不要随手乱扔纸屑、塑料袋等，避免破坏小区的卫生环境以及影响邻里之间的和睦。

5. 孩子在小区内追逐嬉戏的时候，请注意过往的车辆。

6. 孩子在人工湖边玩耍时，请注意警示标志，最好能有家长陪同或看护。

7. 孩子在小区内的露天游艺场所玩耍时，请家长先检查游艺设备是否安全，并按照警示标志上的规定去操作。

物业公司祝愿所有的孩子都能度过一个欢乐愉快的暑假！

××物业管理有限公司

管理处

____年__月__日

【实战范本 17】关于天气变化的温馨提示

关于天气变化的温馨提示

尊敬的业主（用户）：

您好！

近期气温变化较大，请业主注意增减衣物。夏季即将来临，风雨、雷电天气可能会频繁出现，希望各位业主在注意自身健康外，妥善保管放置在阳台、窗台的杂物，如花盆、晾晒的衣物等，避免在刮风时丢失、砸伤行人或毁坏其他物品，雷电时请注意保护好您家中的电器。外出时切记检查家中水龙头、电源、煤气阀门、门窗是否关好，以避免留下安全隐患。

××物业管理有限公司

管理处

____年__月__日

【实战范本 18】关于电梯使用的温馨提示

关于电梯使用的温馨提示

尊敬的各位业主及各装修单位：

为了确保电梯的合理使用、正常运行和大厦物业的有序管理。请遵守如下大厦电梯管理规定。

1. 一号和二号为客用电梯，行人请使用此电梯。

2. 三号电梯为货运电梯，运输货物请使用此电梯。

3. 请遵守规定的乘坐人数和承载重量，超载时警报鸣响，请最后搭乘的客人退出或卸载超重货物。

4. 不要在轿厢内蹦跳。

5. 请勿随意或乱按候梯厅或轿厢内的按钮。

6. 电梯内禁止吸烟。

7. 开闭电梯时，请注意勿碰到门或依靠门边站立。

8. 有幼儿搭乘时，必须有家长在场。

9. 发生火灾、地震时，请勿使用电梯。

爱护公物人人有责，请各位业主及装修单位遵守大厦电梯管理规定，配合我们的工作！

××物业管理有限公司

管理处

____年__月__日

10.5　通告的写作要求与范本

通告是管理处向业主发布的较特殊的公告。内容多是对业主某些行为的管理，其中包括禁止业主实施某些行为，如禁止在社区内乱发广告、禁止违规装修、禁止破坏公共设施、禁止高空抛物等；还有一些是对管理处即将采取的管理措施的通告。物业工作人员在拟订通告文稿时，应注意表达出管理措施的强制性。

通告的写作格式与要求如表 10-4 所示。

表 10-4　通告的写作格式与要求

项目	基本要求
标题	通告
首行	填写通告要告知的人员，如"尊敬的各位业主（用户）"
正文	灵活多样，可以介绍事情的经过，要求业主（用户）知晓、配合的事项
落款	物业公司盖章、日期

【实战范本 19】关于物业维修中心开展特约服务项目通告

关于物业维修中心开展特约服务项目通告

尊敬的各位业主：

炎热的夏日即将来临，为给广大业主营造一个舒适的室内环境。物业公司维修中心将以热情的工作态度、娴熟的维修经验推出以下特约服务，以答谢各位业主多年来对我们工作的支持。

1. 清洗各品牌空调过滤网 10 元 / 台。

2. 安装换气孔防虫网 20 元 / 个。

3. 更换各类水龙头过滤网 10 元 / 个。

服务热线：_____

再次感谢各位业主的支持和配合。

××物业管理有限公司

管理处

____年__月__日

【实战范本 20】关于启用门禁系统的通告

关于启用门禁系统的通告

尊敬的各位业主（用户）：

本小区出入门禁系统现已在紧张施工中，按照计划将于＿月＿日正式启用。届时小区将实行全封闭管理，业主须凭门禁 IC 卡出入小区。现将门禁系统的 IC 卡领取方式及使用规定通告如下。

一、领取 IC 卡方式

1.1～15 栋的业主请凭房产证于＿月＿日—＿月＿日到物业公司领取门禁 IC 卡，每户限免费领取 3 张。

2.16～30 栋的业主凭房产证于＿月＿日—＿月＿日到物业公司领取门禁 IC 卡，一房免费领取 2 张出入 IC 卡，两房以上的免费领取 3 张。

二、门禁系统使用管理规定

1. 小区业主凭门禁卡刷卡出入，门禁卡在使用时一人一卡进出闸口。

2. 行人、自行车、电瓶车、摩托车一律从非机动车道通行，进出闸口时，应注意摆闸开启位置，然后下车推行，摆闸开启不充分时请勿通过。

3. 小区业主乘坐出租车进入小区请出示门禁卡，摩的载客禁止进入小区。

4. 来访人员（送货人员）由保安核实来访者（送货者）身份后登记放行。

5. 妥善保管门禁卡，不能折叠，远离磁场。

6. 为确保小区安全请不要随意出借门禁卡，如有遗失，请凭房产证到物业公司补办，补办费用为每张 20 元。遗失门禁卡会给小区带来安全隐患，请业主小心存放。

7. 业主可到物业公司办理临时门禁卡给租户临时使用。

＿＿＿年＿月＿日—＿月＿日为门禁系统使用适应期，如业主忘记携带 IC 卡，请告知保安配合开启门禁，＿月＿日开始全面启用门禁系统，请各位业主相互转告并配合门禁系统的启用！希望我们的服务能给小区业主带来更多的安全保障。

××物业管理有限公司
管理处
＿＿＿年＿月＿日

【实战范本 21】关于弱电系统改造工程完工的通告

关于弱电系统改造工程完工的通告

尊敬的各位业主（用户）：

首先感谢您对本物业公司工作的理解和支持！在物业公司的积极努力及业主的大力配合下，弱电系统改造工程已基本完工，现将部分注意事项提示如下。

1. 小区出入管理系统和电子巡更系统已于____年__月__日启用。

2. 小区门禁出入系统已于__月__日正常启用，为了确保小区门禁系统的正常使用，请您积极配合保安出入管理工作，进出小区请自行使用门禁卡。

3. 电子围栏系统也将于即日启用，为了确保您的安全，请不要靠近电子围栏。

小区的安全不仅靠物业公司的有效管理，还要靠广大业主的积极配合。希望广大业主能积极配合物业公司的日常管理，共同建设美好家园！

××物业管理有限公司

管理处

____年__月__日

10.6　启事的写作要求与范本

启事涉及的内容相对于其他类别的公告少一些，一般只涉及失物招领、寻物等内容。在拟订启事时，应注意标明时间、地点及所要招领或寻找的物品的特征等。

启事的写作格式与要求如表 10-5 所示。

表 10-5　启事的写作格式与要求

项目	基本要求
标题	失物招领或寻物启事等
首行	填写启事要告知的人员，如"尊敬的各位业主（用户）"
正文	（1）失物招领：可以介绍事情的经过、失物的情况，要求失物者何时到何地凭什么证件领取失物

（续表）

项目	基本要求
正文	（2）寻物启事：介绍何时何地丢失了何物，要详细描述失物的特征，并写明返回有酬谢之类的话
落款	启事者签字及日期

【实战范本 22】失物招领启事

失物招领启事

尊敬的各位业主（用户）：

　　管理处工作人员近日在巡楼中拾得钥匙数串，敬请丢失者携带相关证件到客户服务中心认领。再次提醒各位业主及物业使用人保管好自己的物品，以免给您的生活带来不便。

××物业管理有限公司

____年__月__日

【实战范本 23】寻物启事

寻物启事

　　本人（_____）不慎于____年__月__日将联想笔记本电脑遗落，遗落地点是_____。

　　笔记本电脑的特征是银白色外壳；型号：旭日 420M；内存：512 兆；硬盘：80G；集显总价值：5 200 元；不带正版 Windows 系统盘；电池右侧锁键不太灵活；购买于____年__月，九成新。

　　希望捡到的朋友能与我联系，本人愿意出 100 元作为酬谢。

　　我的地址是：_____。

　　联系电话或邮箱：_____。

启事人：

____年__月__日

239

学习思考

1. 为保证业主（用户）对布告有较高的认可及接受度，应注意什么？
2. 通知的内容大致包括哪些方面？
3. 通知的写作格式与要求是什么？
4. 简讯的写作要求和格式是什么？
5. 管理处发布的提示类公告适用于哪些事务？
6. 通告是管理处向业主发布的较特殊的公告，有什么样的写作要求？
7. 在拟订启事时，应注意什么？

学习笔记

_____
_____
_____
_____
_____
_____
_____
_____